HENRI C. BIRVEN

Unerklärte Antike Mysterien

&

Eine Tibetanische Erlösungslehre

Der Verlag bedankt sich bei
Dr. Hans Thomas Hakl für diese Freigabe
aus dem Birven-Nachlass zur Erstveröffentlichung.

Bibliografische Information der Deutschen Bibliothek.
Die Deutsche Bibliothek verzeichnet diese Publikation in der
Deutschen Nationalbibliografie; detaillierte bibliografische Daten
sind im Internet über http://dnb.d-nb.de abrufbar.

Erste Auflage 2022

Printet in Germany

ISBN 978-3-937592-49-7

HENRI C. BIRVEN

UNERKLÄRTE

Die Dionysos-Mysterien von Pompeji

ANTIKE

Der Argonautenzug nach dem Goldenen Vlies

MYSTERIEN

Ein zeitgenössischer Argonaut

&

EINE TIBETANISCHE ERLÖSUNGSLEHRE

Die magische Vollendung des Naropa

edition epoché

Inhalt

HENRI C. BIRVEN

Unerklärte antike Mysterien

Eine tibetanische Erlösungslehre

Vorwort

Am Anfang der Geschichte, ja der Vorgeschichte, stoßen wir bei allen Völkern auf Theogonien mit ihren anthropomorph aufgefassten Naturkräften, die der magische Mensch anruft. Diese Berührung zwischen Gott und der Menschenseele nennt Spranger mit Recht das „magische Urphänomen". Die Theogonie findet später ihren Niederschlag in der Theurgie und der Mysterien-Initiation. Alle diese Lehren stützen sich auf eine Ur-Überlieferung, die Initiatische Tradition, und die Gesamtheit dieser Doktrinen nennen wir „MAGIOSOPHIE". Von Anfang an kreist hier alles um das Geheimnis des universalen Lebens, und die Mythen und Einweihungen, die Riten und Symbole sind nur der Schleier, der hinter dem Standbild von Sais die letzte Unbekannte des Welträtsels, die Wahrheit, verhüllt.

Aber schon Delphi zeigte mit seiner Forderung: „Erkenne dich selbst!" die Selbsterkenntnis, den Weg nach innen und von innen als die transzendental-tiefenpsychologische Lösung des Geheimnisses auf, und der Heroen-Mythos setzte ihn in die Tat um. Wenn wir eine solche metaphysische Haltung als Magie bezeichnen, so deshalb, weil Magie in unserem Sinne Wille zur Vollendung der Persönlichkeit ist, der Persönlichkeit als des höchsten Glücks der Erdenkinder. Denn Wille als intelligente Ursache von Veränderungen ist eine Tatkraft und magisch-kräftiges Denkvermögen, wie Novalis es ausdrückt. Alle magische Macht ist zwar ihrem Wesen nach übernatürlich, ihre Wirkungen aber sind ihren eigenen Gesetzen gemäß rein natürlich. Hier fällt ein Schlaglicht auf Kants *Kritik der praktischen Vernunft*, die mit ihren Postulaten von Gott, Freiheit, Unsterblichkeit die Hohe Magie selbst postuliert.

Das Ziel aller wahren Hohen Magie aber kann nur erreicht werden in der Überwindung der Natur durch „Moralisierung" (Novalis), wodurch die Natur zum Ausdruck eines vernünftigen Willens werden soll, eine immer vollkommenere Harmonisierung zwischen Natur und Vernunft. Ein solches Ziel ist nicht die Befreiung von der Welt, sondern die Befreiung für die Welt. Durch die Kraft dieser Magie soll der Mensch der Eingeweihte des Lebens werden! Der Beginn dieser Einweihung ist die Selbstentdeckung.

Magie erscheint so als das wichtigste Kulturproblem überhaupt. Es ist nur allzu begreiflich, dass die sublimen Lehren der Tradition heute fast nur noch in travestierten und degenerierten Formen der Öffentlichkeit dargeboten werden. Wir sehen es deshalb als unsere Aufgabe an, durch Wahrheit und Klarheit unseren Leser zu den unerschütterten Pforten der alten sublimen Lehre zu geleiten. Dies umso mehr, als die moderne Psychologie mit ihrer Lehre von der Psychosomatik ohne den Begriff des „Magischen" nicht denkbar ist. Denn gerade hier ist es der aktive Begriff, der auf den Organismus heilkräftig zu wirken vermag.

So möge dieses Buch eine Orientierung für diejenigen sein, die sich nach dem inneren Zentrum der Selbsterkenntnis sehnen. Denn das Geheimnis der Welt, das den Menschen wie ein Gefängnis ohne Mauern umfängt, wird nur von dem Schlüssel des Innern eröffnet.

Berlin, den 7. März 1951

Dr. Henri Clemens Birven

Vorwort

Die neuerdings entdeckten prachtvollen Mysteriengemälde in der sogenannten „Villa dei Misteri" draußen in der Vorstadt von Pompeji haben eine Reihe von Deutungen gefunden, die ebenso unvollständig wie überwiegend verfehlt sind. Das war uns bald klar, als uns von zwei interessierten Personen Abbildungen und Erklärungsversuche mit der Bitte zugeleitet wurden, verschiedene Einzelheiten zu überprüfen. Dabei ergab sich die Notwendigkeit, über die Richtigstellung der einzelnen Fehldeutungen hinaus erstmalig eine einheitliche Gesamtinterpretation des von dem Künstler überaus sinnvoll und geschickt konzipierten Gemäldes zu bieten.

Die Einweihung in die Mysterien hat Grade, das heißt Schritte, denn sie ist ein *Weg*, eine *Wanderung* und *Wandlung*, die den Weihling von einem bloß die Narthenstaude schwingenden Mitläufer zu einem Bakchos, wie Platon sagt, umwandeln soll. Dieser Einweihungsweg kann auch symbolisch als eine *Fahrt*, als eine *Schifffahrt* mit ihren Abenteuern und Gefahren dargestellt werden, und dann haben wir die Fahrt der Argonauten auf dem Schiff Argo nach dem fernen *Goldenen Vlies*. Die Argonauten sind alle in die Mysterien eingeweiht, und die seelischen Gefahren, die mit der Entwicklung auf dem Mysterienpfade verbunden sind, werden durch die physischen Gefahren einer Schifffahrt auf unbekannten Meeren in fernen Zonen symbolisch chiffriert.

In diesem Zusammenhang dürfte es den Leser interessieren, von einem unlängst verstorbenen Zeitgenossen, der sich selbst einen „Argonauten des Ideals der Magie" nannte, zu erfahren, wie er seine Fahrt nach dem Goldenen Vlies realisierte. Der Leser wird dann die Maxime verstehen: „Niemand wird zum Eingeweihten, außer durch sich selbst!“

Berlin-Wittenau, Juni 1960

Dr. Henri Clemens Birven

Dr. HENRI BIRVEN

UNERKLÄRTE ANTIKE MYSTERIEN

\+ + +

Die Dionysos-Mysterien von Pompeji.

\+ + +

Der Argonautenzug nach dem Goldenen Vließ.

\+ + +

Ein zeitgenössischer Argonaute.

\+ + +

Dr Henri Birven

MS

Unerklärte Antike Mysterien

Die Dionysos-Mysterien in der „Villa Item“ von Pompeji

Was hier verborgen, ist nicht zu erraten;
Man zeige denn es Dir vertraulich an.
(Goethe, „Die Geheimnisse“)

Im April 1941 wurden mir vom Inhaber der Buchhandlung Friedrich Stahl in Stuttgart, dem mir nicht bekannten Herrn Gerhard Huber, zehn Exemplare eines kleinen Bändchens mit 28 Gedichten des mir ebenfalls unbekannten Herrn Richard Haldenwang freundlichst überreicht. Neun dieser Exemplare habe ich an Hörer meiner Vorträge abgegeben, das zehnte habe ich für mich behalten. Die Gedichte stehen unter dem Motto: „Gesittung hält uns tiefer als das Glück“. Was mich besonders überraschte, war die auf der Vorder- sowie Rückseite des Umschlags des Büchleins skizzierte Reproduktion der Dionysos-Mysterien in der einige Zeit vorher freigelegten Villa Item vor den Mauern von Pompeji, das bekanntlich im Jahre 79 nach Christus durch den Ausbruch des Vesuvs völlig verschüttet wurde. Diese Villa, heute als „Villa dei Misteri“ bekannt, hat uns das vollständigste und großartigste Freskogemälde der Mysterien des Dionysos im Triclinium (Speisesaal) aufbewahrt. Auf dem 17 Meter langen Wandstreifen sind 24 Figuren fast lebensgroß dargestellt und gut erhalten bis auf die Szene des Dionysos mit der Ariadne, da der letzteren Oberkörper zerstört ist.

Außer diesen Mysterienfiguren ist noch die Einkleidung einer Braut sowie die Hausherrin, die Domina, abgebildet, die wir auslassen. Wir bringen hier neben der photographischen Reproduktion der Wandgemälde auch die erwähnte Skizze auf dem Umschlag des genannten Büchleins von Haldenwang, da sie die Details schärfer erfasst.

Vor allen Dingen ist zu betonen, dass die Deutung und Erklärung der dargestellten Personen und ihrer Handlungen in der uns zugänglichen Literatur teils mangelhaft, teils falsch ist, was wir im Folgenden richtigzustellen haben. Selbst ein so ausgezeichnetes Werk wie *Die etruskische, italo-hellenistische und römische Malerei* von Pericle Ducati (Wien 1941) weist mehrere vollkommene Fehldeutungen verschiedener Szenen auf, um hier nur dieses zu nennen. Das ist kein Wunder, denn nur ein Spezialforscher der antiken Mysterienliteratur ist hier zuständig.

Wir geben für den Spezialisten des Mysteriengebietes einige der Werke an, deren eingehendes Studium empfehlenswert ist:

Karel Hendrik Eduard de Jong, *Das antike Mysterienwesen in religionsgeschichtlicher, ethnologischer und psychologischer Beleuchtung.* 2. Aufl., Leiden 1919.

Richard August Reitzenstein, *Die Hellenistischen Mysterienreligionen. Ihre Grundgedanken und Wirkungen.* Leipzig 1910.

Franz Cumont, *Die Mysterien des Mithra. Ein Beitrag zur Religionsgeschichte der römischen Kaiserzeit.* Leipzig 1923.

Albrecht Dieterich, *Eine Mithrasliturgie.* Leipzig 1923.

Euripides, *Die Bacchantinnen.* Übersetzung von J. C. C. Donner. Reclam. Leipzig o. J.

Franz Burger, *Antike Mysterien.* E. Heimeran Verlag. München,1927. (Als erste Einführung zu empfehlen.)

Victor Magnien, *Les Mystères d'Éleusis. Leurs Origines. Le Rituel de leurs Initiations*. Paris 1929. (Das beste neuere Werk.

Guillaume-Emmanuel-Jose De Sainte-Croix, *Mémoires pour servir a l'histoire de la Religion secrète des anciens peuples ou recherches historiques et critiques sur les mystères du paganisme*. Paris 1784.

Im Jahre 1929 erschien im Verlag von F. Bruckmann, München, in großmächtiger Aufmachung die erste deutsche Übersetzung

des ersten Bandes der *Dionysiaka* des Nonnos von Panopolis, der im fünften Jahrhundert nach Chr. lebte. Der zweite Band erschien 1933. Am Schluss der Übersetzung findet sich folgende Notiz des Übersetzers: „Diese erste deutsche Übersetzung der *Dionysiaka* des Nonnos von Panopolis von Dr. phil. Thassilo von

* Diese und die folgenden farbigen Abbildungen der Fresken aus dem Mysteriensaal der Villa dei Misteri bei Pompeji sind dem Medienarchiv Wikimedia Commons entnommen, wo sie gemeinfrei zur Verfügung gestellt sind (https://commons.wikimedia.org/wiki/Category:Frescos_of_the_mystery_ritual?uselang=de).

Scheffer wurde unter philologischer Beratung und Nachprüfung des Herrn Dr. Hans Bogner-München hergestellt, dessen handschriftliche Prosaversion zugrunde liegt."

Jeder der beiden Bände enthält 24 Gesänge, denen zahlreiche Anmerkungen beigegeben sind. Das Seitenformat ist 19,5 mal 29 Zentimeter, jede Seite hat 27 Verse.

In diesem Zusammenhang dürfen wir darauf hinweisen, dass sich in unserem Besitz der ungemein kostbare und seltene Erstdruck der *Dionysiaca* des Nonnos befindet: *Nonni Panopolitae Dionysiaca, nunc primum in lucem edita, ex bibliotheca Ioannis Sambuci Pannonij* – Antverpiae, Ex officina Christophori Plantini, MDLXIX. (Der hier genannte Johannes Sambucus war Historiograf Maximilians II. und Rudolfs II. Er lebte von 1531 bis 1584.)

Indem wir nunmehr zur Interpretation der dargestellten Szenen des Wandgemäldes übergehen, bemerken wir vorerst, dass der griechische Gott Dionysos identisch ist mit dem lateinischen Bacchus, und dass beide Namen von uns promiscue gebraucht werden. Im Gefolge des Dionysos oder Bacchus tritt stets Silen (griechisch Seilenós), der Erzieher und Gefährte des Gottes auf; er ist meist trunken, aber in nüchternem Zustande ein großer Weiser, musikalisch und melodienreich. Auch der vollkommen Eingeweihte war ein Bacchus, wie es bei Platon heißt: „Viele, so sagen die der Weihen Teilhaftigen, tragen die Narthenstaude, aber nur wenige sind Bacchen." (Phaedon, 69 D.) Ein weiterer Gefährte des Bacchus war der Satyr, der mit spitzen Ohren und Bocksschwanz, später auch mit Bocksfüßen dargestellt wurde und wegen seiner Geilheit berüchtigt war. Bacchus war umschwärmt von Bacchanten und ausgelassenen Bacchantinnen. Bei den öffentlichen Umzügen sah man viele Bacchanten in der Rolle von Silenen und Satyrn sich produzieren.

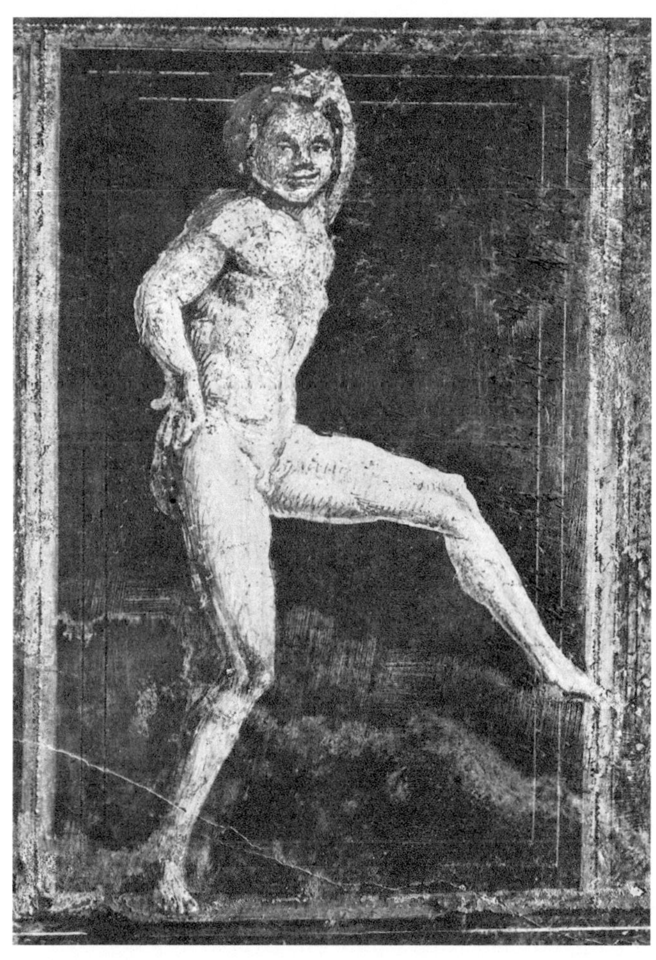

Das Wandgemälde in der Villa dei Misteri ist in eine Reihe von Szenen aufgeteilt, deren erste eine Gruppe von drei Personen darstellt. Eine vornehme Dame in voller Ausgehkleidung hört zu, was ein nackter Knabe von einem mit beiden Händen gehal-

Δ Tanzender Satyr aus der Villa dei Misteri. In: Amadeo Maiuri, *La Villa dei Misteri.* Roma: La Libreria dello Stato, 1931, S. 173. Quelle gemeinfrei zugänglich durch Heidelberger historische Bestände – digital: https://digi.ub.uni-heidelberg.de/diglit/maiuri1931bd1.

tenen Papyrusblatt abliest. Dicht neben dem Knaben sitzt eine Dame ohne Kopfbedeckung, die den Knaben mit der rechten Hand an der Schulter umfasst und in ihrer Linken eine Buchrolle hält. Die erste Dame ist eine Novize, die in ausgezeichnet getroffener sinnender Haltung zuhört. Sie ist ganz Ohr und Sinne. Der Gesichtsausdruck der anderen Dame besagt, dass sie den vorgelesenen Text auswendig kennt und, wie das markante linke Ohr zeigt, genau zuhört, ob der Knabe richtig liest. Diese Frau muss eine Einführerin, eine Hierophantis sein, deren Aufgabe es war, den Novizen die ersten Erklärungen über Wesen und Sinn der Mysterien zu geben. Die Hierophantiden, auch Prophantiden genannt, stammten aus dem Ceresdienst, wo sie die Frauen einzuweihen hatten. Hier, wo ein Knabe der Novize etwas Wichtiges vorliest, ist es klar, dass eine Kontrolle durch eine eingeweihte erwachsene Frau erforderlich ist, die etwa im Rang einer Prophantiden steht.

Wer aber ist der Knabe, der, wie einzelne Erklärer meinen, das Ritual vorliest? Von einem Vorlesen des Rituals kann hier unmöglich die Rede sein, denn einem Neuling kann vor seiner Aufnahme unmöglich das Ritual verraten werden, das ihm erst durch die stufenweise Einweihung nach Ablegung der vorgeschriebenen Prüfungen bekannt wird, wobei er einen Eid der Geheimhaltung abzulegen hat. Bevor man eine solche mit dem Mysteriengeheimnis unvereinbare Annahme macht, sind zuvor zwei Fragen zu stellen:

1. Wer ist der Knabe?
2. Wer ist die ihn kontrollierende Frau?

Soviel ich sehe, ist die wichtige Frage nach dem Wesen des Knaben erst von Victor Magnien, Professor an der Universität Toulouse, in seinem genannten Buch *Les Mystères d'Éleusis: leurs origines, le rituel de leurs initiations* (Paris 1929) end-

gültig gelöst worden. Bei einigen alten Autoren findet sich der Terminus „ho aph' Hestias pais". Hestia heißt „der Herd", und so deutete man diesen Knaben (pais) als „Initiierter des Herdes". Diese Übersetzung ist insofern verfehlt, als „apo" (aph') hier unzweifelhaft zeitlich „seit" bedeutet: Der initiierte Knabe seit Hestia. Der Ausdruck „seit Hestia" = „seit dem Herd" entspricht hier etwa dem deutschen „von Haus aus". Der Sinn des Ausdrucks „Initiierter seit Hestia" bedeutet somit „Initiierter seit dem Beginn seiner körperlichen Existenz", schon „rein" vor seiner Geburt. – Ein Kind aus vornehmstem Geschlecht wurde unter diesem Titel „Initiiert seit Hestia“ für gewisse Funktionen im Mysterienkult auserkoren und erzogen.

Professor Magnien drückt die ansprechende Vermutung aus, dass die berühmte *4. Ekloge* Vergils auf dieses initiierte Kind seit Hestia anspielt, wo der Dichter sagt:

> „Dieser Knabe wird das Leben der Götter annehmen, er wird die im Verein mit den Göttern lebenden Heroen sehen und selber von ihnen gesehen werden … Dieser Knabe wird eine Regeneration des gesunkenen menschlichen Geschlechts und ein neues goldenes Zeitalter heraufführen.“

Das *Lexicon Rhetoricon* gibt auch an, wer initiiert seit Hestia war: der Sohn von höchstrangigen Athenern wurde durch das Los bestimmt und vom Staate eingeweiht. Die Frau, die das vorlesende Kind kontrolliert, eine Dame von hohem Rang, ist vielleicht die Mutter.

Das, was das Kind vorliest, ist auf keinen Fall das Ritual. Man darf als sicher annehmen, dass in symbolischer Weise die Bedeutung der Mysterien für die Seligkeit des graderhöhten Menschen nach dem Tode geschildert wurde, worauf der Eid der Geheimhaltung vorgelesen und geleistet wurde.

Erst nach Ablegung des Eides der Geheimhaltung konnte der Novize stufenweise in die Mysterien eingeweiht werden. In den „Refutationes“ des Hippolytus, Buch V, 27 wird ein solcher Eid überliefert: „Juro per eum, qui est super omnia, Bonum, me custoditurum haec mysteria nec cuiquam edicturum“ = „Ich schwöre bei dem, der über Alles ist, dem Guten, diese Mysterien zu bewahren und sie niemandem zu verraten“.

Dann sehen wir ein Mädchen, das sich nach der Mitte des Gemäldes zubewegt und eine Schüssel mit den rituellen „grünen“ Ähren trägt. Der Inhalt der Schüssel ist offenbar für die folgende

Gruppe von drei Personen bestimmt. Diese Gruppe ist unzweifelhaft mit einer sakralen, geheimen Handlung beschäftigt. Das wird schon dadurch angezeigt, dass die Hauptperson, offenbar eine Priesterin, dem Beschauer den Rücken zukehrt. Diese Szene ist zugleich die einzige, deren Erklärung Schwierigkeiten bereitet und die vermutlich auch dem Maler eine ohne Weiteres sinnfällige Darstellung erschwerte.

Auch daher der Kunstgriff, die Hauptperson, die unzweifelhaft Oberpriesterin mit dem Titel „Hierophantin“ oder, wie in Athen „Königin“ ist, nur dem Beschauer abgewandt zu zeigen.

Links von der Hierophantin, vor der sich ein Tisch oder Altar befindet, naht eine Frau, die eine Schüssel bringt. Soviel ist sicher, während alle übrigen Szenen und Handlungen für den Kenner des Mysterienwesens eindeutig zu bestimmen sind, geht in dieser Szene etwas vor sich, das der Maler nicht der öffentlichen Betrachtung zeigen durfte. Es kann sich daher in dieser Szene nur um die Konsekration sei es des männlichen Gliedes, des Phallos, wie in den Eleusinien oder des weiblichen Gliedes, der Kteis, wie in den Thesmophorien, handeln, die in erhabener und heiliger Weise geweiht wurden. So bringt die Frau links von der Hierophantin auf einer Schüssel einen verhüllten Gegenstand, dessen Hülle die Hierophantin mit der linken Hand hochzuheben im Begriffe ist.

Rechts der Hierophantin steht auf dem Tisch ebenfalls eine Schüssel, über welche die Hierophantin die rechte Hand hält. Das daneben stehende Mädchen aber gießt eine Flüssigkeit aus einem Fläschchen auf die rechte Hand der Hierophantin.

Werfen wir nun zunächst einen Blick auf die Mittelwand des Saales (siehe Abb. S. 37), so sehen wir da eine Frau in kniender Stellung, die ganz ähnlich wie die Hierophantis mit der linken Hand einen auf dem Boden stehenden Korb anfasst. Dieser Korb ist unzweifelhaft das „Liknon“, eine Schwinge oder Wiege, wie ein Korb geflochten und zum Tragen der Opfergeräte bestimmt. Der Korb war durch ein Tuch verdeckt. Der Träger oder die Trägerin dieses geweihten Korbes hieß „Liknophore“. Wir sehen hier auch den Inhalt des Korbes. Es ist der Phallus. Statt des Korbes diente auch eine Kiste, die „cista mystica“ genannt wurde.

Ein Zweifel über die Natur des verhüllten Gegenstandes, den die Hierophantis zu enthüllen im Begriffe ist, kann damit nicht

mehr bestehen. Es ist ein kleinerer „mystischer Korb“, der nicht den Phallos, sondern die Kteis, das weibliche Glied enthält.

Wir wissen, dass der in der mystischen Schwinge oder Wiege verborgene sakrale Gegenstand, bevor er den Mysten gezeigt wurde, nach der Herausnahme allseitig poliert und geschmückt worden war. Professor Magnien zitiert auf der Seite 163 seines Buches eine Stelle aus Themistius: Der Offiziant entfernt die Hüllen, die einen gewissen Gegenstand bedecken und nachdem er ihn schön geputzt und geschmückt hat, zeigt er ihn den Ein-

geweihten bei glänzender Beleuchtung. – Diese Stelle von Themistius findet sich auch bei Baron de Sainte-Croix, Seite 215, wieder.

Damit wird auch die Stelle, die uns hier beschäftigt, klar. Während die Hierophantis mit ihrer linken Hand den gewissen Gegenstand aus seiner Umhüllung befreit, gießt ihre Gehilfin rechts aus dem Fläschchen ein Salböl auf die rechte Hand der Hierophantis, beziehungsweise in die auf dem Tisch stehende Schale. Der Gegenstand, hier die Kteis, wird damit gesalbt. Die Schüssel, die das auf diese Gruppe zukommende Mädchen bringt, enthält dann wohl Blumen, mit welchen die Kteis geschmückt wird.

Wer fragen wollte, warum der gewisse Gegenstand von uns als Kteis eruiert ist, warum hier nicht der Phallos gemeint sein kann, der muss bedenken, dass der Phallos unzweifelhaft sichtbar in der Szene auf der rechten Wand des Trikliniums enthüllt wird. Hier handelt es sich aber um Frauenmysterien, in denen neben dem Phallos auch die Kteis verehrt wurde. Diese Frauenmysterien waren eine Mischung der Eleusinien mit den Thesmophorien. In jenen wurde der Phallos, in diesen die Kteis gefeiert.[1]

Nunmehr folgt die Szene mit der Gestalt des epheuumkränzten, weinseligen Silen, der hier auf der Lyra spielt. Er war der Nährvater und Lehrer des Bacchus der Lateiner, der mit dem Dionysos der Griechen identisch ist. Silen war aber ein großer Weiser, wenn er nüchtern war. Wir werden ihm sogleich auf der mittleren Wand noch einmal in einer anderen Rolle begegnen. Während er hier auf der Lyra spielt und dazu singt, wird er von einem Mädchen, das die Syrinx bläst, begleitet. Die reinigen-

1 Das griechische Wort „Kteis“ (Akzent auf i) ist männlichen Geschlechts und bedeutet zunächst „Kamm“ dann euphemistisch: weibliches Glied.

de Stimmungskraft der Musik gehört zu dem Zeremoniell der Mysterien. Neben dieser Flötistin sitzt eine weitere weibliche Gestalt, die einem Lämmchen die Brust reicht. Ein gehörntes Böckchen steht im Vordergrund dabei. Das ist eine Illustration zu dem wohlbekannten Satz: „Eriphos es gala epeton" = „Als Zicklein fiel ich in die Milch". Mit dem Zicklein, das in die Milch gefallen, ist zunächst Dionysos und wie dieser jeder vollkommen Initiierte gemeint, der zu einem neuen Leben wiedergeboren, eine neue Nahrung erhält. Hesychius sagt: Eriphos (Zicklein) = Dionysos. –

Der vollkommen Eingeweihte ist ein Bacchus geworden, der den Dionysos im Mysterium repräsentiert. – Albrecht Dieterich, *Eine Mithras-Liturgie* (3. Aufl. 1923, 3, 171) sagt: „Die Milch ist natürlich darum gewählt, weil der zu Gott Gewordene" – unmittelbar vorher steht: „aus einem Menschen bist du zu Gott geworden" – „das Zicklein eben neugeboren im sakralen Sinne ist". Victor Magnien betont die frappante Ähnlichkeit der kleinen Eleusinien mit den kleinen Mithras-Mysterien. – Das ausgewachsene gehörnte Böckchen im Vordergrund dieser Szene wird die Mutter des von der Bacchantin gesäugten sein. – Wir können auch sagen, was der begeisterte Silen singt. Es war der Dithyrambos, das bacchische Festlied, das zum ältesten Kultus gehörte. So sagt Archilochos, er verstehe wohl, mit einem vom Wein entflammten Gemüte den Dithyrambos, das schöne Lied des Dionysos, anzustimmen (*Archilochos*, Fragm. 77 bei Theodor Bergk).

Zu den Reinigungsriten gehörten auch körperliche Züchtigungen. Die Züchtigung hat den Charakter einer Sühne für die im Leben begangenen Sünden. In Arkadien hatte Bacchus einen Tempel, vor dessen Altar die jungen Mädchen grausam gezüchtigt wurden. Hier, nach der Szene mit den Böckchen, sehen wir eine weibliche Gestalt mit fliegenden Gewändern und abwehrender linker Hand auf der Flucht vor der Züchtigung. Es ist offenbar dieselbe Frau, die wir auf der rechten Wand mit entblößtem Rücken im Schoße der Proserpina kniend sehen, wo sie die Züchtigung ergebungsvoll empfängt. Proserpina ist die mystische Braut des Dionysos Iacchos.

Doch wenden wir uns zunächst zu der, so viel wir sehen, vollkommen missverstandenen Anfangsgruppe der Mittelwand, wo wir wiederum den Silen mit zwei Jünglingen bei einer allerdings überaus seltsamen und darum schwer zu erkennenden Beschäftigung sehen. Der Kunsthistoriker Bombe glaubt, es handle sich da um eine „Becher-Weissagung mit Silen als Mystagogen“. Pericle Ducati sagt: „ein zweiter Silen mit zwei jungen Satyrn, von denen einer aus einer Schale trinkt“. Wer hier nicht auf den ersten Blick weiß, um was es sich da handelt, der wird es nicht erraten, und nur ein „si tacuisses“ könnte noch seine Philosophie retten. Was tut hier der wie stets bekränzte Silen? Er hält mit beiden Händen ein bauchiges Metallgefäß, in das ein Jüngling angestrengt hineinsieht. In dem Gefäß ist nichts zu trinken, sondern etwas zu sehen. Der junge Neuling soll etwas ihm Unerklärliches, ihn Verblüffendes zu sehen bekommen. Der zweite Jüngling weiß schon Bescheid, er hält in einer bestimmten Entfernung eine Maske hoch. Das ist keine „komische“ Maske (nach Ducati), sondern die Maske eines alten Mannes. Der Jüngling nun weiß nicht, dass der andere die Maske hinter seinem Rücken emporhält; denn der Jüngling hält in Wirklichkeit die Maske hinter einem Ausschnitt eines Vorhangs, den der Maler nicht zeichnen konnte, weil er ja dem Beschauer zeigen musste, was der Jüngling in dem Gefäß erblickte!

Der Jüngling sieht nämlich die geheimnisvolle Maske des alten Mannes in dem Gefäß frei in der Luft schweben. Nebenbei: Damit die Maske in dem spiegelnden Hohlgefäß aufrecht gesehen wird, müsste der Kopf der Maske umgekehrt, Stirn nach unten, Kinn nach oben gehalten werden. Das hat der Maler mit Absicht unterlassen, weil er dem Beschauer nur so zeigen konnte, was der Einweihling zu sehen bekam.

Wir sind dem Leser hier zunächst die Erklärung dieses auch heute noch fesselnden Phänomens, das in das Gebiet der Katoptrik gehört, schuldig. Der Neapolitaner Johann Baptista Porta schreibt in seiner *Magia Naturalis* (Ausgabe vom Jahre 1664) im Prooemium zu „Catoptrica experimenta“, 17. Buch: „Was Wunderbareres könnte man sehen, als dass … nach außen in der Luft hängende Bilder gesehen werden, ohne dass man das Originalbild und den Spiegel sieht?“ – Er beschreibt zahlreiche Plan-

und Konkavspiegel mit ihren Wirkungen, zum Beispiel wie ein Spiegel aus Planspiegeln hergestellt wird, mit dem man ein in der Luft fliegendes Bild sehen kann usw. –

Der katholische Theologe und Chemieprofessor Dr. Ludwig Staudenmaier beschreibt in seinem auch heute noch sehr lesenswerten Buche *Magie als experimentelle Naturwissenschaft* (Leipzig, 1922, S. 46 f), wie man mit einer Konvexlinse oder mit einem Hohlspiegel ein reelles Bild im Raum erscheinen lassen kann. Er verweist auf die optische Abteilung des Deutschen Museums in München und beschreibt dann die „Tanagra-Spiele", die er 1916 in München sah. Durch eine verborgene Spiegelkombination wurde ein ganzes Theaterstück in den Theaterraum in die Luft projiziert. Im Mittelalter war das Phänomen einzelnen Forschern auch Faust bekannt. Immanuel Kant spricht von einem „Spektrum durch Hohlspiegel". (Vgl. Birven, *Der historische Faust*, Kapitel über „Die Magia Naturalis des J.B. Porta"). Mit der Laterna Magica kann man dieses Phänomen nicht ausführen.

Nun sehen wir mit Verwunderung, dass diese Spiegel-Magie, die auch heute noch dem Publikum unerklärlich erscheint, schon in den Dionysos-Mysterien praktiziert wurde. Die teilweise richtige Erklärung des Phänomens findet sich bei Karl Kerenyi im *Eranos Jahrbuch* 1948, Bd. 16 durch Macchioro, der nach unserer Erinnerung daselbst sagt: In dieser mystischen Szene halte Silen einem Jüngling eine silberne Schale hin, in welche dieser angespannt hineinblickt. Im Hintergrunde halte ein zweiter Knabe eine Maske des Silen hoch. Fällt die von der Maske ausgehende Lichtstrahlung in das als Hohlspiegel dienende Silbergefäß, so erblickt der in die Schale hineinblickende Jüngling wider Erwarten nicht sein eigenes Gesicht im Spiegel, sondern die frei im Hohlraum schwebende Maske des Vaters Silen.

Der optische Trick ist hier richtig erkannt. Übersehen ist, wie schon von uns erwähnt, dass die Maske mit der Stirn nach unten gehalten werden muss. Der Grundfehler aber ist die Deutung der Maske als die des Vaters Silen. Silen sitzt doch in Person dabei und hält die Schale hin. Die Maske hat nicht die geringste Ähnlichkeit mit dem Silen! Freilich, ohne genaue Kenntnis des Mysterienwesens wird hier jeder in Verlegenheit sein. Er wird nichts ahnen, und die Überraschung wird groß sein, wenn er erfährt, dass der Initiandus das Antlitz des großen Philoso-

phen *Aristoteles* erblickt. Den zwingenden Beweis dafür liefern uns die folgenden Zitate, die wir bei dem genannten V. Magnien finden. Letzterer zitiert den Themistius (*Orationes* XX, p. 286/7 der Ausgabe von Dindorf), der von der Einweihung seines Vaters berichtet und sagt 1. wörtlich: „Es war also das Gesicht und der Anblick des Aristoteles, was man in diesen Mysterien sah." Es war ja Aristoteles, der betont hatte, dass das Geheimnis der Mysterien, das Unaussprechliche, sich dem Mysten in einem un-

Δ Ausschnitt aus dem Fresko. In: Amadeo Maiuri, *La Villa dei Misteri.* Roma: La Libreria dello Stato, 1931, S. 147. Quelle gemeinfrei zugänglich durch Heidelberger historische Bestände – digital: https://digi.ub.uni-heidelberg.de/diglit/maiuri1931bd1.

mittelbaren Erlebnis-Akt enthüllte: „U mathein ti dei, alla pa(th) ein“ lehrt Aristoteles, d. h. in den Mysterien gibt es nichts zu *lernen*, sondern etwas zu *erfahren* und zu *erleben*. Das Mysterien-Erlebnis war eine unmittelbare Schau, eine intellektuelle Anschauung in einer erhöhten Vitalstase, die man „Enthusiasmos“ (Von Gott erfüllt sein) nannte. Darum wurde dem Mysten gerade Aristoteles gezeigt, der göttliche Aristoteles, wie die obige Stelle des Themistius sagt, den er so geliebt hatte. Damit haben wir das Rätsel dieser geheimnisvollen und schwer durchschaubaren Szene gelöst.

Wie Ducati die Maske, die wir als die des Aristoteles erkannt haben, als „komisch“ bezeichnen kann, ist uns unerfindlich. Die Maske soll nämlich auf den Neuling in einer ganz bestimmten Weise wirken: sie drückt furchtbaren Ernst aus und kommt einer „Schreckmaske“ gleich. Sie stellt eine Warnung an den Neuling dar, das Unbegreifliche des Phänomens soll ihn in heiligen Schrecken versetzen, ihm den heiligen Ernst des Mysterienerlebnisses einflößen und ihn vor der Profanierung der Geheimnisse warnen. „Phobos kai Pathos“, d. i. Furcht und Mitleid, so hatte ja Aristoteles in seiner *Poetik* gelehrt, müsse die Tragödie in dem Zuschauer erregen. Das gilt in noch höherem Sinn auch für das Mysterienerlebnis. Und wenn wir nicht wüssten, wen die Maske darstellt, der gewichtige Lehrsatz des Aristoteles könnte uns ein Indizium geben.

Gehen wir nun zu der folgenden Szene über, so sehen wir den Dionysos, hier in Italien „Bacchus“ genannt, umschlungen von seiner Braut Ariadne, welch Letztere leider im Oberteil zerstört ist. In Athen wurde jedoch nach Otfried Müller (*Geschichte der griechischen Literatur*, S. 481) bei den Anthesterien die Frau des zweiten Archon, welche den Titel *Königin* führte, dem Dionysos in geheimnisvoller Feier als *Braut* verlobt. Die Anthesterien wa-

ren ein 3-tägiges Frühlingsfest, ein „Blumenfest". Als Braut verlobt, kann nur heißen: Stellvertreterin für Ariadne. Ein solcher Verlobungssinn kann auch dieser Szene hier zugrunde liegen.

Die nun folgende Szene ist drastisch genug, um von allen Erklärern auf den ersten Blick verstanden zu werden. Eine Frau ist bemüht, aus der Cista mystica das erigierte männliche Glied, den Phallos, der in diesem Zustande „Ithyphallos" genannt wird, herauszuholen. Der Phallos muss aus dem Korb oder der Kiste weit genug hervorgenommen werden, dass alle Anwesenden ihn genau sehen können. In der Komödie des Aristophanes *Die*

Acharner (Vers 241/2) sagt einer: „Komm etwas vor, Kanephore (Korbträgerin), und du, Xanthias, stelle den Phallos auf." Dazu sang man eine phallische Hymne. Ein solcher Phallos war stets aus Feigenholz geschnitzt. Nach Plutarch (*Isis und Osiris*, § 36) wurde in Ägypten bei den Osiris-Festen der Phallos durch ein Feigenblatt ersetzt. (Vgl. den Gebrauch des Feigenblattes als Blößendecker schon bei Adam und Eva.) –

Es braucht kaum gesagt zu werden, dass später der Bacchuskult in Italien zu öffentlichen Ausschreitungen führte, indem die Frauen mit Phallen bekränzt auf den Straßen herumschwärmten, sodass ein Senatsbeschluss dem Unwesen, wenn auch nur vorübergehend, gegenzusteuern versuchte. In der Kaiserzeit wurde diese Travestie wieder toleriert.

Es folgt nunmehr eine Szene, die der Künstler wegen Raummangels auseinanderziehen musste, die wir aber folgendermaßen zusammenhalten müssen. Wir sehen noch auf dem Mittelstück eine Frau mit entblößtem Oberkörper, die hinter sich sehend mit der rechten Hand zum Schlage mit einer Rute ansetzt. Der Oberkörper ist entblößt, weil die Frau Flügel trägt. Die Größe der Flügel verhindert auch, dass weitere Personen ihr zu nahe kommen. Was bedeuten nun die Flügel? Nach der Lehre der Mysterien ist die körperfreie Seele ursprünglich geflügelt und zieht mit den Göttern einher, erschaut die Ebene der Wahrheit, erfüllt von den herrlichsten Schauspielen. Durch einen „Fall" verliert sie die Flügel, wird in einen Körper und in die irdische Existenz gespannt. Die Seele führt in diesem Zustand ein „titanisches" Leben statt des „dionysischen", und dieses titanische Leben ist identisch mit einer Züchtigung, die als Sühne für den Fall gilt.

Dieser „titanische Kreis", von dem Olympiodor in seinem Kommentar zu Platons *Phaedon* spricht, wird von Olympiodor der „mystische" Kreis genannt, weil er in den Mysterien darge-

stellt wird. Er nennt diesen Kreis „kosmisch“, insofern er die weltliche Existenz der Seele bezeichnet. Der Myste lernt in den Mysterien, wie er der Verhaftung im „Kreise“ entfliehen kann: „Ich bin dem peinvollen Kreise entflogen, in dem der niederziehende Schmerz herrscht“, heißt es in der Petilia-Inschrift. Zu diesem Zeichen werden in den Mysterien dem Kandidaten von dem Mystagogen Flügel angeheftet, mit denen er den Flug nach oben in den intelligiblen Raum antritt. Er ist dem Kreis der Züchtigungen und des Werdens entflogen und ein Bacchus geworden.

Damit ist also die Vitalstase, wie wir es ausdrücken wollen, der geflügelten Frau festgestellt, sie gilt als ein Bacchos, sie ist „holokleros“, d. h. ganz unversehrt oder integer.

Die geflügelte Frau hat nun die Rute in abgewendeter Haltung zum Schlage erhoben. Wem gilt ihre Züchtigung? Der Künstler war durch Raummangel gezwungen, die Züchtigungsszene in die anschließende rechte Seitenwand zu verlegen, denn der ihm im Mittelfeld verbliebene Raum war durch den linken Flügel der Schlagenden, der nicht unterdrückt werden durfte, blockiert. Auf der rechten Seitenwand sehen wir die zu züchtigende Frau, die ihr Gewand abgestreift hat und ihren Kopf im Schoße einer sitzenden Frau birgt, bereit, die Züchtigung zu empfangen. Die sitzende Frau hält den Kopf der Novize mit ihrer linken Hand in ihrem Schoße fest, während sie mit ihrer rechten Hand auf die Stelle des oberen Rückens weist, auf die die Schlägerin zielen soll. Die Frau aber, die den Kopf der Novize in ihrem Schoße hält, stellt die Proserpina dar, was sich aus einer Stelle der Petilia-Inschrift ergibt, wo es heißt: „Ich habe mich in den Schoß der Herrin hineingedrückt, der Königin derer, die hienieden weilen." Die Herrin hier ist, wie Magnien (S. 172) sagt, Persephone = Proserpina. Nach dem Mythos war Dyonisos der Sohn des Zeus und der Persephone.

Unsicher ist dem gegenüber zunächst die Bedeutung der weiblichen Gestalt, die als letzte Figur hinter der Frau mit den Böckchen auf der linken Wand in fliehender Haltung mit fliegenden Gewändern, abwehrender linker Hand und den Zeichen des Schreckens erscheint. Sie ist auf der Flucht und man könnte annehmen, dass sie Schutz in der friedlichen Gesellschaft der Flötenspielerin und der Frau mit den Böckchen sucht. Ihr Blick ist unzweifelhaft auf die Züchtigerin gerichtet. Sie stellt einen Kontrast zu der ergebungsvollen Haltung der die Züchtigung empfangenden Frau dar. Es lag dem Künstler offenbar daran, zu zeigen, dass die Einwilligung in die Züchtigung eine Selbstüberwindung erforderte, da die Züchtigung, wie wir bereits gezeigt haben, grausam gehandhabt wurde. Diese Selbstüberwindung hat der Künstler auch dadurch geschickt inszeniert, dass er diese beiden zusammengehörigen Szenenteile diametral in die rechte und linke Seitenwand einander gegenüber stellte. Erst Furcht

und Flucht, dann Selbstüberwindung und fromme Ergebung. Der psychologische Kontrast wird vom Künstler durch die diametrale Gegenüberstellung der beiden Szenen verständlich gemacht.

Rechts von der Züchtigungsszene erblickt man eine Frau, die teilnahmsvoll auf die Initiandin schaut und ihr offenbar Mut und Trost zuspricht. Während diese Frau voll bekleidet ist, wird sie zum Teil verdeckt von einer nackten Mänade, die dem Beschauer den Rücken zuwendet und in einem rasenden Tanz begriffen ist; sie begleitet sich zum Tanz mit Kastagnetten, die sie hoch über ihrem Kopf mit den Händen zusammenschlägt. Die tanzende Mänade ist die Ergänzung und bildet den harmonischen Abschluss zu dem singenden und auf Lyra sich „begleitenden sowie von der Flötenspielerin begleiteten Silen. Denn die Musik ist nach griechischer Auffassung himmlischen Ursprungs und soll den Menschen in einen erhöhten Zustand versetzen, der ihn an seinen Ursprung erinnert. Victor Magnien führt das S. 124 ff seines Werkes *Les Mystères d'Eleusis* an Hand vieler Zitate griechischer Schriftsteller aus. Er zitiert Strabon, X, 467, der sagt, dass die Musik bei den Griechen „*Tanz, Rhythmus und Melodie*" umfasst. Lurian (Kap. Pantomimik) sagt, dass keine einzige alte Weihe des Tanzes entbehrt, sowie dass die Redensart: „sie *tanzen* die Mysterien *aus*" bei Verrätern der Mysteriengeheimnisse üblich sei. Die Musik, so fasst Magnien zusammen, reinigt die durch körperliche Leidenschaften verworrenen Seelen und gibt ihnen die Harmonie wieder. Durch die Musik erhalten die Mysten die erste Stufe ihrer Bildung und werden zu einer vollkommenen Bildung befähigt (S. 126). –

Durch diesen Begriff der Musik als einer Synthese von Tanz, Rhythmus und Melodie wird uns nun mit einem Schlage klar, dass hier das rechte Ende der linken Wand des Gemäldes mit der ganzen Darstellung der rechten Wand eine einzige zusammenhängende Szene bildet, deren Thema die Wirkung der Musik im Sinne der antiken Theorie auf den Akt der Züchtigung darstellt. Silen, die Flötistin, sowie die Tänzerin treiben Musik nicht zu ihrem Zeitvertreib, sondern ihre gemeinsame Aktion soll dem zu züchtigenden Mädchen die Furcht vor der Züchtigung benehmen und ihm jene erste Stufe der Bildung des Mysten verleihen. Die merkwürdige Haltung der geflügelten Züchtigerin ist zweideutig, denn ihr erster Schlag zielte auf das erschrockene Mädchen, das in den friedlichen Schutz des musizierenden Silen flieht, wo es das „in die Milch gefallene Böckchen“, das dionysische Sinnbild des Bacchus in statu nascendi erblickt. Die Musik verfehlt ihre Wirkung nicht, das beruhigte Mädchen nimmt die Züchtigung an, und damit hat es die erste Stufe seiner Mysterienbildung erlangt.

Rekapitulation

Dem Maler war die nicht leichte Aufgabe gestellt, auf einem beschränkten Raum einen Querschnitt durch die Dionysos-Mysterien zu geben, wobei er eine Auswahl der markantesten und sinnfälligsten Szenen zu treffen hatte. Man muss zugeben, dass er seine Aufgabe meisterhaft gelöst hat. Wenn der Künstler mit einer Einführungsszene als Auftakt anfängt, in der ein Knabe eine erste Erklärung über Wesen und Sinn der Mysterien nebst der nachzusprechenden Eidesformel verliest, die zur Geheimhaltung verpflichtet, so ist dadurch die Novize feierlich in den Mysterienbund aufgenommen. Auch wissen wir, dass es diese Novize ist, die in der Endszene sich der Züchtigung unterwirft. Damit haben wir einen ersten Zusammenhang in den scheinbar unzusammenhängenden Anfangs- und Endszenen vor uns. Wohl überlegt hat der Künstler das vor der Züchtigung fliehende Mädchen an das Ende der gegenüber liegenden Seite in den Schutz der friedlichen Szene mit den Böckchen gestellt.

Zugleich haben wir einen ersten thematischen Zusammenhang in der Komposition entdeckt: Belehrung nebst Vereidigung der Novize – dann das Züchtigungsthema, gegliedert in Flucht vor der Züchtigung und Ergebung in das Unvermeidliche. Der Künstler hat sich im Wesentlichen Frauenmysterien zum Vorwurf genommen, obwohl auch zu solchen häufig Männer zugelassen wurden. Wir sehen in der Mitte des linken Wandgemäldes die Konsekration des weiblichen Gliedes durch die Hierophantin, die diesen verschwiegenen Akt dem Beschauer entzieht, indem sie ihm den Rücken zukehrt. Es ist das nicht nur ein Akt der Dezenz, sondern der Künstler umgeht dadurch auch die Schwierigkeit, dieses Glied plastisch darzustellen. Diese formale Schwierigkeit entfällt bei der Vorzeigung des Phallos auf der Mittelwand, der den Mysten sichtbar gezeigt werden musste.

Aus unserer Darstellung geht ferner hervor, dass – angefangen von dem singenden und Lyra spielenden Silen auf der linken Seitenwand im Bunde mit der Flötenspielerin, der Frau mit den Böckchen und der vor der Züchtigung fliehenden Frau, zusammen mit der die Rute schwingenden geflügelten Frau am Ende der Mittelwand, hinüber zu der Züchtigungsszene und der Tänzerin auf der rechten Seitenwand – eine große, in sich zusammenhängende Gruppenszene vor uns steht, deren Motto die *sakrale himmlische Musik* ist, Musik im antiken Sinne eine Synthese von Rhythmus, Tanz und Melodie. Das hat der Maler geschickt dadurch zum Ausdruck gebracht, dass er diese ganze Gruppenszene in den singenden Silen zu Anfang und die Tänzerin zu Ende einklammert. Die Züchtigerin nimmt in der Gruppe die Mitte ein, sie wurde wegen Raummangels noch in das benachbarte Ende der Mittelwand gestellt, und ein Spaßvogel könnte vielleicht meinen, sie schlüge den Takt zu der Musik.

Dass das selige Paar Dionysos-Ariadne den beherrschenden Mittelpunkt der Gesamtszenerie einnimmt, stand für den Künstler a priori fest. Dass dann hier angesichts des seligen Paares auf Befehl des Dionysos der sakrale Inhalt der mystica vannus, der mystischen Schwinge, der Phallos als das weltzeugende Prinzip den Mysten gezeigt wurde, ist in Übereinstimmung mit dem zentralen Höhepunkt dieser Szene, die zugleich den Abschluss der Einweihung darstellt.

Von Dionysos und Silen abgesehen, die ja auch in Frauenmysterien nicht fehlen dürfen – das männliche „Kind seit Hestia“ hat noch als sexuell indifferent zu gelten –, sehen wir nur in der Szene des Silen mit der Maske zwei Jünglinge auftreten. Wie wir zeigen konnten, ist der die Maske haltende Jüngling überhaupt nicht auf der Szene, sondern steht unsichtbar hinter einem Vorhang. Um das Sujet dem Beschauer verständlich zu machen, musste der Künstler den Jüngling mit der Maske sichtbar darstellen. Und obgleich dieser Jüngling hinter dem Vorhang die Maske umgekehrt halten muss, zeichnet er die Maske aufrecht, weil er dem Beschauer zeigen will, was der andere Jüngling in dem hohlen Gefäß erblickt. Somit bleibt nur die Frage, warum der Künstler hier einen Jüngling, und nicht eine Frau, in das Gefäß sehen lässt.

Wir haben bewiesen, dass der Jüngling bei diesem Experiment das Antlitz des Aristoteles erblickte, Es war ja Aristoteles, der in seiner *Poetik* die Aufgabe der Tragödie in der Katharsis, in der Reinigung der Affekte durch Furcht und Mitleid gelehrt hatte. Dieselbe Reinigung von den Leidenschaften wurde in den Mysterien gepflegt. Die Philosophie überhaupt mit ihren größten Vertretern Plato und Aristoteles wurde mit den Mysterien verglichen und als eine Initiation in die wirkliche „Vollendung“ (Telete) und Überlieferung der wirklichen Mysterien bezeichnet. Fünf Teile in der Initiation entsprachen fünf Teilen in der Philosophie. Statt Aristoteles hätte man dem Jüngling ebenso gut den Plato zeigen können. Das Studium der Philosophie sollte ihm diese Übereinstimmung mit der Mysterientradition zeigen. So wird in der genannten Stelle des Themistius vorher ausdrücklich auch Sokrates und Plato mit Aristoteles genannt: „Sie (die Totenrichter Rhadamantys und Minos) führen und setzen dich neben Sokrates und Plato und neben ihn, den du so liebtest, den göttlichen Aristoteles“.

Damit haben wir das Rätsel dieser geheimnisvollen und scheinbar zusammenhangslosen Szene restlos gelöst. Mit diesem ebenso unerwarteten wie unerklärlichen Überraschungseffekt, der wie eine Offenbarung erschien, will das Mysterium selbst an den Jüngling die Aufforderung richten, im Studium des Aristoteles d. h. der Philosophie den tieferen Zusammenhang der Mysteriengeheimnisse zu erforschen. Eine solche Aufforderung konnte nach damaliger Auffassung nur an einen *Mann* gerichtet werden, denn Philosophie war eine Lebensaufgabe für geistig hochstehende Männer, für eine Elite der *männlichen* Bacchen. Der Vater Silenos ist der musische Heros par excellence: Er leitet nicht nur als enthusiastischer Sänger und Musikus das musikalische Weihekonzert, sondern er versteht es auch, den Jüngling durch ein „wunderbares“ Experiment zur „Verwunderung“ und damit zur Quelle der Philosophie zu führen. Denn wie schon Plato im *Theätet* (155 D) gesagt hat, dass es keinen andern Ursprung der Philosophie gibt als das „Sich-Verwundern“, so sagt auch Aristoteles in seiner Metaphysik (A2, 982 b, 11 f): „Denn durch das ‚thaumazein‘, durch das ‚Sich-Verwundern‘ haben die Menschen jetzt und zuerst angefangen zu philosophieren“. Wir denken, dass der alte Silen ein genialer Kerl war, als er mit einem wunderbaren Experiment den Jüngling zum „thaumazein“ und damit zum Philosophen initiierte!

Welches Ziel beseelte also die alten griechischen Mysterien? Die Mysterien entwickelten sich aus der zutiefst pessimistischen Haltung der Griechen, dass der menschliche Geist durch seine irdische Inkarnation seine Urheimat verloren hat. Nach dem Sturz aus dem Olymp kennzeichnet Schiller in seinem erhabenen Gedicht „Das Ideal und das Leben“ die menschliche Situation so:

„Zwischen Sinnenglück und Seelenfrieden
Bleibt dem Menschen nur die bange Wahl;
Auf der Stirn des hohen Uraniden
Leuchtet ihr vermählter Strahl.“

In der zweiten Strophe fragt der Dichter sogleich: „Führt kein Weg hinauf zu jenen Höhen?“ – Das war die große, die intimste Frage der ältesten Mysteriengründer, für die der Name des sagenhaften thrakischen Dichters Orpheus kollektiv steht. Auf diese Frage antworteten die antiken Mysterien im Bunde mit der Philosophie. Ihr Ziel war die Wiederherstellung der durch den titanischen „Fall“ zerrissenen dionysischen Ureinheit.

In Anbetracht seiner Bedeutung schließen wir mit einem altgriechischen Mysteriengesang auf Silen:

Δ Ausschnitt aus dem Fresko. In: Amadeo Maiuri, *La Villa dei Misteri*. Roma: La Libreria dello Stato, 1931, S. 139. Quelle gemeinfrei zugänglich durch Heidelberger historische Bestände – digital: https://digi.ub.uni-heidelberg.de/diglit/maiuri1931bd1.

Dem Satyr Silen

Ein Rauchopfer der Bakchen von Manna
Höre mich, würdiger Nährer,
Heger und Hüter des Bakchos,
Der Silenen bester Gesell,
Von allen Göttern geehrt
Und von den sterblichen Menschen
Bei des Dreijährigen Wiederkehr;
Heilig im Opfer, würdig an Alter,
Festherr des feiernden Hirtenschwarms,
Jauchzender, Freund durchjubelter Nächte,
Mit den schöngegürteten Ammen
Geleitet von efeubekränzten
Naïden und weiblichen Bakchen:
Auf zum Allgötterfest!
Mit den tiergestaltigen Satyrn
Gellend den jubelnden Ruf
Bakchos dem Herrschenden!
Bereite mit würdigen Bakchen
Vollendung reifende Kelterfeste,
Nächtlichen Festesglanz
Verkündend mit heiligen Feiern –
Jubelnder Thyrsosfreund –
Erheiternd mit festlichen Schwärmen!

(J. C. Plassman, *Orpheus*. Jena 1928)

Wie schon angedeutet, hat der Philologe Karl Kerényi in einer Abhandlung „Mensch und Maske“ (*Eranos Jahrbuch* 1948, Bd. XVI) auch das Spiegelexperiment in der Szene zwischen dem Silen und zwei Jünglingen ausführlich zur Sprache gebracht. Auf Seite 196 erwähnt er „die Maske des ‚Vater Silenos‘, *Sileni patris imago*, wie sie von Properz bei der Schilderung einer dionysischen Grotte genannt wird!“. Zunächst steht dieses Zitat nicht, wie er anmerkt, Prop. II. 3, 29, sondern im dritten Buche, III, 3, 29. Dann lässt er das „fictilis“, das zu Imago gehört und den Vers 30 beginnt, aus. Streng genommen heißt *imago* nicht Maske, sondern Bild; es wird auch zur Bezeichnung von Wachsbild gebraucht. In der Stelle bei Properz aber handelt es sich um „imago fictilis“, d. h. um ein irdenes Bild, ein Bild aus Ton. Ein irdenes Bild aber dient nicht als Maske im Sinne von Gesichtslarve. Demgegenüber haben wir in der Spiegelungsszene eine *Porträtmaske* vor uns, deren katoptrisches Überraschungsphänomen, frei im Hohlraum des Gefäßes schwebend, den Neuling faszinieren soll. Hören wir nun, was Kerényi dazu als Erklärung sagt:

> „Der Knabe blickt ganz aus der Nähe tief in die Schale hinein. Nicht so, dass seine Lippen den Rand berührten: er trinkt nicht. Was er aber in der Schale erblickt, kann mit mathematischer Genauigkeit errechnet werden.“ (In einer Anmerkung dazu sagt er: „Dies geschah durch Macchioro: Zagreus 94 ff und 82 ff; geprüft und unterstützt durch Delatte a. a. O. 190 ff, auch durch eine Bildparallele aus neuerer Zeit, Abb. 22. Macchioro und Delatte glaubten, dass durch die Maske und ihre Spiegelung irgendwelche ‚Halluzinationen‘ im Knaben erweckt werden sollten.“)

„Das Silbergefäß dient zum konkaven Spiegel, dessen Vorkommen in einem Tempelinventar bezeugt ist.“ (Anmerkung: „Plinius, *Nat. hist.* 33, 129; angeführt von Macchioro“.) „Der Knabe sieht also nicht, wie er erwarten konnte, sein eigenes Gesicht im Spiegel, sondern einen anderen Gegenstand, der außerhalb dessen Focus schwebt. Dieser andere Gegenstand ist die Silenosmaske, die der andere Satyrknabe ... hinter dem Rücken des ersten Knaben so hoch hält, dass dieser an der Stelle (statt ‚anstelle‘, Birven) seines Gesichts eben jene Maske erblickt. Sie erscheint zwar verkehrt im hohlen Spiegel, doch die Überraschung ist aus einem viel tieferen Grunde so bestürzend und belehrend, dass dies daneben kaum in Betracht kommt. Der Knabe meint sich selbst zu sehen, und er erkennt sich als einen jener älteren Männer, der Väter und Lehrer, die ihn bis jetzt beherrscht und geleitet hatten und zu denen also auch er selbst gehört. Es ist eine vereinigende Verwandlung bewirkt durch die Maske als Vaterbild: Sileni patris imago. Der Knabe vereinigt sich mit den Vätern und wird zum zeugenden Mann geweiht.“

Wir haben vor einer Reihe von Jahren in der Amerikanischen Gedenkbibliothek die Abhandlung von Kerényi zufällig eingesehen. Wir hatten damals nur Notiz davon genommen, dass Macchioro das Wesen des katoptrischen Phänomens erkannt hat. Das genügte zunächst für unsere Untersuchung, zumal uns das Phänomen als solches längst bekannt war. Nach Abschluss unserer Erklärung des Phänomens nahmen wir in genannter Bibliothek noch einmal Einsicht in Kerényis Darstellung. Wir halten es für geboten, Kerényis Text dem Leser darzubieten.

Wenn Kerényi unmittelbar nach Beendigung seiner Erklärung fortfährt: „Die raffinierte Methode mit der Spiegelung“ usw., so scheint uns seine Erklärung der Bedeutung des Phäno-

mens denn doch zunächst einmal das Prädikat „raffiniert" zu verdienen. Wie kommt denn der Knabe zu der Meinung, sich selbst zu sehen? Und was ist das für eine Raffinesse, diesem Knaben ein Bild des Silen zu zeigen, der doch neben ihm sitzt und das Gefäß hält, in das er hineinschaut? Kerényi meint auch, die Maske erscheine dem Knaben im Hohlspiegel „verkehrt". Er hält also den Knaben für so einfältig, dass er nicht dagegen protestiert. Kerényi merkt also gar nicht, dass der Maler die Maske aufrecht malt, weil er dem *Beschauer* zeigen muss, was der Knabe in der Schale *erblickt*. Das war seine Aufgabe, und er wusste sie richtig zu lösen. Der Maler muss dem *Betrachter* sein Sujet verständlich

Δ Links: *Maske.* Ausschnitt siehe vorne auf S. 33. Quelle: Heidelberger historische Bestände – digital: https://digi.ub.uni-heidelberg.de/diglit/maiuri1931bd1. Seite 149.
Rechts: *Büste des Aristoteles.* Marmor. Nach dem griechischen Bronze-Original von Lysippos, um 330 v. Chr. Quelle: Gemeinfrei unter https://commons.wikimedia.org/wiki/File:Aristotle_Altemps_Inv8575.jpg.

machen. Daher malte er auch den Jüngling, der die Maske hält, sichtbar, während in Wirklichkeit dieser Jüngling mit der *umgekehrten* Maske in der Mysterienpraxis unsichtbar hinter einem Vorhang zu stehen und die Maske in passender Weise in einem Schlitz des Vorhangs zu halten hatte. –

Jetzt erst kommt Kerényi durch sein „proton pseudos", durch seinen Grundirrtum der voreiligen Identifizierung der Maske mit dem Silen, der doch daneben sitzt und die Schale hält, in eine ausweglose Verlegenheit. Statt sein „proton pseudos" zu erkennen, lässt er flugs Silen Silen sein und verfällt auf eine verzweifelte Sophistikation: Dazu bedarf er zuerst der unbewiesenen Behauptung: „Der Knabe meint sich selbst zu sehen", um dann fortzufahren: „und er erkennt sich" – wieso *sich*? – „als einen jener älteren Männer, der Väter und Lehrer, die ihn bis jetzt beherrscht und geleitet hatten und zu denen also auch er selbst gehört." Wir müssen gestehen, hier wird die Phantasie des Knaben denn doch überfordert. Der Knabe meint sich selbst zu sehen und dann erkennt er sich als einen jener älteren Männer, der Väter und Lehrer! – Wie kommt der Knabe dazu, sich selbst mit einem Schlage als einen alten Mann, Vater und Lehrer zu erkennen?

Musste hier nicht Kerényi stutzig werden und einsehen, dass seine Silenhypothese falsch war und ihn ad absurdum geführt hatte? Er fühlt es wohl, deshalb greift er zu einer willkürlichen, fehlerhaften „Metabasis eis allo genos", d. h. einem Sprung von einem Gebiet in ein anderes. Denn wenn der Knabe wirklich den Silen sah, der neben ihm saß und die Schale hielt, so wäre das für ihn einfach ein alberner Verblüffungstrick gewesen, der seine Neugier nach weiteren Mysteriengeheimnissen kaum angestachelt hätte.

Ich bitte den geneigten Leser, ihm einmal das katoptrische Experiment vorführen zu dürfen. Ich darf erwähnen, dass auch ich neben anderen Wissenschaften einst klassische Philologie studiert und sowohl im Doktor- als auch im Staatsexamen darin geprüft worden bin. Von meinen Lehrern will ich hier nur die prominentesten: Vahlen, Wilamowitz und H. Diels nennen. Auch die Stelle bei Properz: „Sileni patris imago fictilis" ist mir noch gut in Erinnerung.

Das Experiment, das wir jetzt unternehmen wollen, kann der Leser ohne nennenswerte Vorbereitungen mitmachen. Ich hänge etwa an einem Kronleuchter oder an einem herabhängenden Faden eine Abbildung des Silen auf. Ich nehme meinen Rasierspiegel und platziere mich in einiger Entfernung, etwa einem Meter von dem Bild. Die Rückseite meines Rasierspiegels ist ein *Hohl*spiegel, und indem ich diesen in Richtung auf das Silenbild halte, erblicke ich im Raume frei schwebend das – umgekehrte, Kopf nach unten – Bild des Silen. Ich kann das optische Bild mit der Hand greifen. Das Phänomen ist faszinierend. Hänge ich dagegen das Bild mit Kopf nach unten auf, so erscheint das optische Bild aufrecht.

Aber ich brauche wohl nicht zu sagen, dass ich ein reelles Bild des Silen gesehen habe, ohne mich mit meinen älteren Lehrern dabei identifizieren zu müssen. – Im Übrigen empfehlen wir dem Leser, der sich für die mathematische Ableitung des Phänomens interessiert, ein Lehrbuch der Physik einzusehen, z. B. Emil Warburg, *Lehrbuch der Experimentalphysik für Studierende*, 1902, S. 207, wo es heißt:

> „Zusammenfassung. Hohlspiegel geben reelle oder virtuelle Bilder, je nachdem der Gegenstand außerhalb oder innerhalb der Brennweite liegt, welche gleich dem halben Krümmungshalbmesser ist. Die reellen Bilder sind umgekehrt und vergrößert oder verkleinert, je nachdem der Gegenstand innerhalb oder außerhalb der doppelten Brennweite liegt." (Vir-

Δ Ansicht der Villa dei Misteri der 1. und 2. Periode (Quelle S. 49 b)

Δ Gesamtansicht der Villa aus der letzten Bauphase (Quelle S. 50 b)

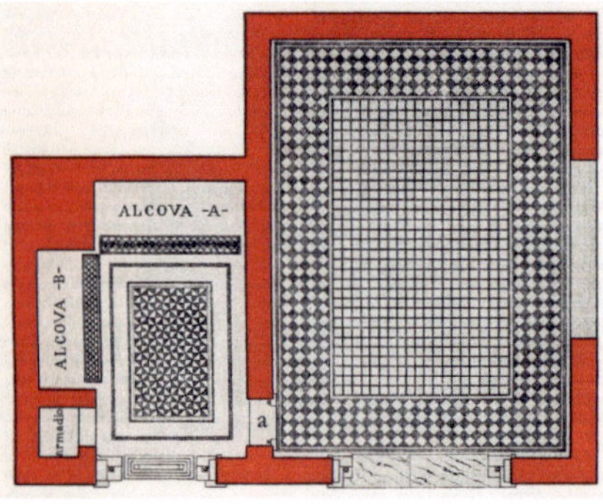

Δ Grundriss des Tricliniums und des Doppelnischenkabinetts (Quelle S. 56 b)

Δ Die Villa Item, die später sog. „Mysterienvilla" wurde im 2. Jh. v. Chr. stadtnah zu Pompeji erbaut und als antike Villenanlage immer wieder erweitert. Die berühmten römischen Fresken im Triclinium (Sala del grande affresco) sind dem Zweiten Stil pompejanischer Malerei zuzuordnen. Oben ein Gesamtgrundriss der letzten Bauphase. In: Amadeo Maiuri, *La Villa dei Misteri*. Roma: La Libreria dello Stato, 1931, S. 34 b. Quelle gemeinfrei zugänglich durch Heidelberger historische Bestände – digital: https://digi.ub.uni-heidelberg.de/diglit/maiuri1931bd1.

tuell nennt man ein Bild, das von einem innerhalb der Brennweite befindlichen Gegenstand aufrecht und vergrößert hinter dem Spiegel erscheinen würde, wenn er durchsichtig wäre.) –

Wir haben die physikalische Erklärung des Phänomens deswegen so ausführlich behandelt, weil erfahrungsgemäß der Nichtphysiker sich gern mit einem *Non liquet* beruhigt.)

Hier noch ein Wort über den sakralen Sinn des Androgyns

Der Baron Vivand Denon, Generaldirektor der französischen Museen und Kunstberater Napoleons I., fand bei der Aufnahme der Kunstschätze des Vatikans eine Statue mit der griechischen Aufschrift „Sotèr Kosmu“ (Heiland der Welt). Denon zeichnete die Statue und unterschrieb sie mit Vivant Denon. Da uns das Schicksal der Statue unbekannt ist, haben wir von unserem unlängst verstorbenen Freund, dem Bildhauer Emil Wörner, eine getreue Plastik nach Denons Zeichnung gießen lassen. Der Kopf trägt einen Hahnenkamm, die Nase aber ist als erigierter Phallos ausgebildet. Nach einer Notiz soll noch im zweiten christlichen Jahrhundert in christlichen Sekten diese Statue als Christus verehrt worden sein. Es wäre aber hier auch möglich, an Chrestos zu denken, da das griechische ē später zu i geworden ist, wie Lucian (2. Jahrhundert nach Christus) in seinen *Göttergesprächen* bereits „Christos“ schreibt. Chrestos heißt „gut“ und auf Götter bezogen „heilbringend“.

Es handelt sich bei dieser Statue weder um Erotik, noch um Blasphemie. Es handelt sich vielmehr, wie wir früher nachgewiesen haben, um die Darstellung des weltschöpferischen Prinzips, das androgyn (mannweiblich) aufgefasst ist. Die griechische Aufschrift weist auf eine griechisch redende Sekte hin. Die Androgynie verlangt außer dem Phallos die Ergänzung durch das weibliche Symbol. Letzteres wird für den griechisch redenden Anbeter durch den Hahnenkamm bezeichnet. Denn im Griechischen heißt „ho ktéis“ sowohl „Hahnenkamm“ als auch „das weibliche Glied“. – Was Ernst Schertel in seinem Roman *Die Sünde des Ewigen* (Berlin 1918) nach einer angeblichen Chronica Sacra von einer spanischen Sekte des vierten Jahrhunderts nach Christus erzählt, die einen Gott Harpokrates-Chrestos in der beschriebenen androgynen Gestalt verehrt habe, ist dichterische Fiktion, wie uns Schertel bei seinem Besuche angegeben hat.

Die Argonautenfahrt nach dem Goldenen Vlies

Während meiner Eigenschaft als Herausgeber und Schriftleiter von *Hain der Isis: Zeitschrift für Magie als Kulturproblem und Weltanschauung* (Verlag J. Wiesicke, Brandenburg H.) unternahm ich im Sommer 1929 eine Reise nach London, wo ich die persönliche Bekanntschaft des englischen Magus Aleister Crowley, To Mega Therion genannt, machte, der mir seine Mitarbeit an meiner Zeitschrift bereitwillig zusagte. Crowley befand sich damals in gehobener Stimmung, da nicht nur seine *Magick in Theory and Practice* in Paris im Druck war, sondern auch seine auf sechs Bände berechneten *Confessiones* einen Verlag gefunden hatten. Bei unseren Gesprächen bezeichnete Crowley sich einmal als einen „Argonauten des Ideals der Magie", und als ich ihn scherzhaft fragte, welchen Helden er auf dem Schiff Argo tragiert habe, schilderte er mir mit ein paar Sätzen den esoterischen und initiatischen Sinn des denkwürdigen antiken Mythos. Er verwies mich dabei auf seine Abhandlung „Der Tempel des Königs Salomo" in Vol. I, Nr. IV seines Sammelwerkes *The Equinox*.

Hier zunächst die exoterische Einkleidung dieses alten Mythos

Der Argonautenzug mit seinen symbolischen Gefahren und Abenteuern zwecks Eroberung des „Goldenen Vlieses" ist unzweifelhalt der tiefste und berühmteste Mythos des griechischen Altertums.

Phrixos und Helle, von einer bösen Stiefmutter verfolgt, entfliehen auf einem ihnen von Apollo geschenkten göttlichen Widder den Händen ihrer Stiefmutter. Helle stürzt ab beim Flug über die Meerenge, die nach ihr Hellespont genannt wurde (die heutigen Dardanellen). Phrixos gelangte nach Kolchis zum Könige Aietes, wo er den Widder opferte und das Fell an einen von einem Drachen bewachten Baum aufhängte. Der thesalische Held Jason rüstete, von Athene unterstützt, das Schiff Argo aus und segelte mit einer Mannschaft erlesener Helden nach Kolchis, um das Vlies zurückzuholen.

Von London begab ich mich nach Paris, wo ich zunächst die Buchhandlung Charcornac aufsuchte. Daselbst lernte ich den schriftstellerischen Leiter der Zeitschrift *Voile d'Isis*, Herrn Paul Charcornac, kennen, der mir in entgegenkommender Weise Einsicht in die große okkulte Privatbibliothek gewährte. Ein anderer Besuch galt dem mir durch Korrespondenz bekannten Schriftsteller und Theoretiker der Freimaurerei Oswald Wirth. Bevor ich indessen dem Leser erzähle, wie ich indessen bei Wirth wiederum auf das Argonauten-Thema kam, glaube ich dem Leser mit ein paar Strichen das geistige Porträt dieses grundgütigen, geistig und moralisch hochstehenden Mannes skizzieren zu dürfen.

Ein sehr hoch gewachsener, breitschultriger, aber hagerer Greis im Alter von 69 Jahren gehbehindert, aber in voller geistiger Rüstigkeit, vom Ernst seiner Lebensaufgabe beseelt, empfing mich mit gütigem Wohlwollen. Er hörte mich mit Aufmerksamkeit an, als ich ihm von Aleister Crowley in französischer Sprache berichtete, von dem damals die Zeitungen voll waren, da ihm ohne Angabe von Gründen die Aufenthaltsgenehmigung in Frankreich nicht erneuert worden war. Wirth war deutscher Abstammung und sehnte sich danach, noch einmal deutsch mit mir zu sprechen. Er hatte vier Jahre in der französischen Armee gedient, war dann einige Zeit in London Buchhalter gewesen, um dann von 1887–1897 Sekretär bei dem Marquis Stanislas de Guaita auf dessen Schloss Alteville zu werden. Ursprünglich ein begabter Dichter, hatte de Guaita sich der Erforschung des Okkultismus gewidmet, nachdem ihm die Lektüre der Werke von Eliphas Lévi zu einer Offenbarung geworden waren.

In den zehn Jahren, die Oswald Wirth bei de Guaita verbrachte, war er Zeuge der Entstehung des dreibändigen Werkes seines Lehrers über die „Verfluchten Wissenschaften", die er in Reinschrift zu bringen und mit Illustrationen zu versehen hatte (*Les Sciences Maudites*): I. *Le Temple de Satan*. II. *La Clef de la Magie Noire*. III. *Le Problème du Mal*. Auf diese Weise lernte Wirth das umfangreiche Gebiet des Okkultismus und der Hermetik kennen. Im Zusammenhang damit lernte er aber auch von seinem Meister „lesen und schreiben", denn alle Werke, die Wirth nach dem Tode von de Guaita in einem langen Leben verfasste, zeigen ihn als einen hochstehenden und gewissenhaften Schriftsteller, der die Klarheit seines Denkens mit der Klarheit seiner Rede verband. Umso peinlicher war es für mich, wenn ich ihn in einigen Fällen auf lateinische und griechische Versehen aufmerksam machen musste, wovon wir sogleich ein Beispiel anführen müssen.

Als ich ihm nämlich sagte, dass der genannte A. Crowley sich einen „Argonauten des Ideals der Magie" nenne, holte Wirth ein von ihm verfasstes Buch mit dem Titel *Le Symbolisme Hermétique* heraus, das im Jahre 1909 erschienen und vergriffen, aber 1929 in Neuauflage erschien. In dem Buche befand sich ein großes Bild, auf dem unter andern auch das Schiff Argo mit den Argonauten zu sehen war. In der Mitte des Bildes aber thronte eine Jungfrau, die ich sofort als die „Jungfrau der Welt" (Kore Kosmu) deutete. Ich kannte die Abhandlung gleichen Namens in den dem Hermes Trismegistus zugeschriebenen Schriften. Wirth hatte die Zeichnung nach einem angeblich alchemistischen Gemälde skizziert, das sich in der Kirche Saint-Maurice in Reims befunden hatte. Diese Zeichnung von Wirth geben wir hier wieder. Das Bild hatte sich mehrere Jahrhunderte in der Kirche unangefochten befunden, bis man im Jahre 1907 kirchlicherseits darin eine freimaurerische Tendenz zu erkennen glaubte. Das Bild wurde in die Sakristei gebracht, und eine Anzahl Fotografien wurden Wirth zwecks einer Expertise zugestellt. In seiner Untersuchung kam Wirt zu dem Resultat, dass es sich weder um ein kirchlich-frommes Gemälde noch auch um ein freimaurerisches handle. Es handelt sich vielmehr um ein esoterisches und initiatisches Thema, mit dem die Freimaurerei nichts zu tun hat.

Von Wichtigkeit ist hier zunächst die Unterschrift des Bildes, die in griechischen Großbuchstaben geschrieben lautet: ΠΑΡΘΕΝΟΣ ΟΥΣΑ ΤΕΚΟΝ ΤΕΚΝΟΝ ΜΗ ΕΧΟΥΣΑ ΤΟΚΗΑΣ.

Diesen Satz glaubte Wirth, der des Griechischen nur ungenügend kundig war, so deuten zu dürfen: „J'ai enfanté étant vierge; ayant un enfant, n'ayant pas de parents". Also wörtlich: „Ich habe geboren, eine Jungfrau seiend (als Jungfrau); habend ein Kind, nicht habend Eltern". Bei dieser Übersetzung ist Wirth selbst nicht ganz wohl; er „bemerkt dazu, dass der zweite griechische Halbvers zweideutig sei.

Nebenbei: Schon ein kirchlicher Beurteiler hatte mit Recht bemerkt, dass es sich nicht um die Mutter Jesu handeln könne, da diese Eltern hatte. Woraus Wirth schloss, dass nur die Isis als Personifikation der ewigen Natur mit dieser Jungfrau gemeint sein könne. Wirth findet es merkwürdig, dass die kirchlichen Beurteiler es unterlassen hätten, alchemistische Traktate zu un-

Croquis de la peinture alchimique
de l'Eglise Saint-Maurice de Reims
avec agrandissement des détails caractéristiques pour l'étude du symbolisme.
1266
1137
1266
1137
ΠΑΡΘΕΝΟΣ ΟΥΣΑ ΤΕΚΟΝ; ΤΕΚΝΟΝ ΜΗ ΕΧΟΥΣΑ ΤΟΚΗΑΣ

tersuchen, zumal die Alchemie niemals von der Kirche verboten gewesen sei. Dabei übersieht Wirth, dass die gelehrten Priester den griechischen Text richtig verstanden, während Wirth, wie wir jetzt zeigen wollen, den Text infolge seiner ungenügenden Kenntnis des Griechischen vollständig verballhornt und unverständlich gemacht hat.

Ich wies also so schonend als möglich den stets so korrekten und vorsichtigen alten Herrn darauf hin, dass er den ganz klaren Text durch Einsetzen des Semikolons (;) korrumpiert und unverständlich gemacht habe. Auf seine Frage, woher ich wisse, dass er das Semikolon eingesetzt habe, erklärte ich ihm, dass in solchen griechischen Unterschriften niemals eine Interpunktion gesetzt werde. Aber, so wandte Wirth ein, durch die Interpunktion habe er doch eine gewisse Klarheit in den Text gebracht. Sie geben also zu, das Semikolon eingefügt zu haben, und damit haben Sie den Text unverständlich gemacht; denn, wenn eine Interpunktion überhaupt erforderlich wäre, so müsste sie hinter „teknon" gesetzt werden.

Denn die Stelle lautet in Wirklichkeit so: „Ich, eine Jungfrau, habe ein Kind geboren, ich selbst elternlos." Der gute alte Herr war wie vom Donner gerührt. Ja, sagte er, so ist alles klar. Er machte sich Vorwürfe, ich tröstete ihn; aber ich hatte noch eine Überraschung für ihn. Ich musste ihm sagen, dass das Semikolon, das er geglaubt hatte, in einen griechischen Text einschieben zu dürfen, das griechische Fragezeichen sei. Der große alte Mann – das war er für mich – schüttelte nur noch seinen markanten asketischen Kopf.

Wir müssen nun gestehen, dass Oswald Wirth, gestützt auf seine Kenntnisse in der alten Hermetik, viele Details des überaus komplexen Gemäldes gründlich und scharfsinnig interpretiert hat. Wo er versagte, werden wir ihn richtigstellen und ergänzen. Der Schöpfer des Bildes erweist sich tatsächlich als genauer Kenner der Esoterik in alchemistischem Gewande, wie sie um 1700 in Handschriften und gedruckten Traktaten im Schwange war. Wir verweisen hier statt vieler anderer Schriften ähnlicher Tendenz auf das einst allgemein bekannte *Dictionnaire Mytho-Hermétique* des Benediktiner Paters Dom Antoine-Joseph Pernety, das 1787 in Paris erschien und viel studiert wurde. Pernety hat auch eine Zeit lang in Berlin als Bibliothekar des Königs Friedrichs II. gelebt. Zu dem Stichwort „Argonautes" lesen wir:

> „Helden, die nach der Fabel den Jason zwecks Eroberung des goldenen Vlieses begleiteten. Welche geistige oder physische Erklärung man dieser Fabel auch hat geben wollen, so ist es doch nicht gelungen, ihr eine richtigere Deutung anzupassen als die der Alchemisten, nämlich als eine Allegorie des großen Werkes der Universalmedizin oder des philosophischen Steins."

Was nun das Goldene Vlies anbelangt, so sagt derselbe Autor zu „Toison d'Or" (S. 498), dieses Vlies (Fell) sei das Symbol der Materie des großen Werkes. Das ist unzweifelhaft richtig. Aber wie gerade ein Goldenes Vlies zu dieser Bedeutung kommt, darüber sind sich die Philologen, soviel ich sehe, niemals klar geworden. Umso interessanter und wie gerufen kommt mir da an dem Tage, als ich diese Abhandlung niederzuschreiben anfange, eine Notiz im *Tagesspiegel* Berlin vom 6. März 1960 zu Gesicht unter der Überschrift „Sagen als Fundgruben", in welcher Herr Ludwig Carrière Folgendes ausführt:

> „Einer der Hauptfundorte des Goldes im Altertum war der Kaukasus. Noch heute führt der Fluss Rion, der alte Phasis (von dem die Fasanen stammen) Gold. Man breitet dort Schaffelle auf dem Boden des Flussbettes aus, in denen sich das schwere Gold fängt: eine uralte Sitte. Denn was Jason

von Kolchis holte, das ‚Goldene Vlies', ist ganz wörtlich so zu verstehen." –

Auf Einzelheiten der an Gefahren reichen Fahrt werden wir noch eingehen, hier sei nur betont, dass die Argonauten von Lemnos nach Samothrake segelten, um sich dort in die Mysterien einweihen zu lassen.

Gehen wir nun zu der Betrachtung des Gemäldes selbst über, so verstehen wir auf den ersten Blick, dass das Bild mit seinen zahlreichen Details, äußerlich betrachtet nichts enthält, was einem frommen Katholiken anstößig erscheinen könnte.

Ein Beispiel: Noch wichtiger ist die Tatsache, dass schon das Altertum diesen Ursprung des Goldenen Vlieses kannte. Der berühmte Geograf Strabon, gestorben im Jahre 20 nach Christus, der aus dem Pontos stammte, berichtet, dass die Bewohner von Kolchis „das feine Flittergold der Flüsse seit altersher mithilfe haariger Häute aufgefangen und so Anlass zur Entstehung der Sage vom Goldenen Vlies gegeben haben." Zu Strabons Zeit war das Verfahren noch im Gebrauch. (Vgl. Lippmann, *Entstehung und Ausbreitung der Alchemie*. Berlin 1919, S. 526.)
Im Aachener Karlsmünster steht z. B. in der Michaelskapelle der Proserpinasarkophag aus carrarischem Marmor, auf dessen drei Schauseiten der Raub der Proserpina (Persephone) dargestellt ist. Die Hauptszene zeigt, wie Proserpina unter Minervas Hilfe von Pluto auf einem vierspännigen Streitwagen entführt wird. Bis zum Jahre 1165 sollen die Gebeine Karls des Großen darin aufbewahrt worden sein.

Im Hochchor des Münsters befindet sich auf einer alten Kanzel dem sogenannten Ambo, ein einzig dastehendes Prachtstück der ottonischen Edelmetallkunst. Darauf sehen wir zwei Bacchusfiguren, sowie die Isis mit dem heiligen Schiff und anderes mehr.

ΔΔ *Proserpina-Sarkophag* mit dem Relief *Raub der Proserpina* aus dem Domschatz Aachen. Ende 2. bis Anfang 3. Jh. Quelle: https://commons.wikimedia.org/wiki/File:Roma,_sarcofago_detto_di_proserpina,_200-215_ca._01.jpg

Δ *Isis mit Schiff.* Ambo Heinrichs II. Vor 1014. Quelle: https://commons.wikimedia.org/wiki/File:Ambone_d%27oro_di_enrico_II,_ante_1014,_con_vasellame_in_calcedonio,_cammei_e_avoro_antichi_21_1.jpg

Indem Wirth an das grafische Rätsel herangeht, betont er ausdrücklich, dass er nicht alles zu erklären beansprucht, sich vielmehr damit beschränkt, den Weg frei zu machen für diejenigen, die nach ihm die Erforschung weiter führen können.

Oswald Wirth erwähnt dann, dass einer der kirchlichen Beurteiler des Bildes, Herr De la Rive, darauf hinweist, dass der Maler von der *IV. Ekloge* Virgils beeinflusst gewesen ist. Diese berühmte Ekloge besingt bekanntlich das *neue Goldene Zeitalter* unter der Regierung des Augustus. Was Wirth hier nach De la Rive referiert, ist eine rein christliche Umdeutung des Gedichtes, die wir auf sich beruhen lassen können. Wirth selbst weist darauf hin, dass auch die hermetischen Philosophen als Eingeweihte an die Möglichkeit glaubten, durch Intelligenz, Gerechtigkeit und Tugend der Menschheit ein glückliches Dasein zu bereiten.

Skizze des alchemistischen Gemäldes

Für die richtige Deutung unseres Bildes, speziell des in der vom Betrachter aus gesehen rechten Ecke des Bildes dargestellten Tempels der Sibylle von Cumae, gibt der Text der Ekloge die folgende Deutung: Nach der Umwälzung der politischen und wirtschaftlichen Lage in Italien durch Augustus befestigte sich in Italien die auch von den Priestern bestätigte Ansicht, dass mit dem Tode des Julius Caesar der neunte Monat des aus zehn säkularen Monaten bestehenden Großen oder Weltjahres und damit die Herrschaft der Diana abgeschlossen sei. Damit fing der 10. säkulare Monat unter dem Regimente des Apollo, des Schutzgottes des Oktavianus (Augustus) an. Nach dem Ablauf dieses letzten Monats sollte, wie es die Sibyllinischen Bücher der genannten Prophetin von Cumae weissagten, das Große Weltjahr sich in derselben Reihenfolge der Monate wiederholen. Nun hatte der erste Monat des verflossenen Weltjahrs unter Saturnus, dem Gebieter

des Goldenen Zeitalters, gestanden, und mit dieser Wiederholung musste also ein neues Goldenes Zeitalter eintreten.

Anhand dieser Prophezeiung erkennen wir sofort den Tempel rechter Hand als den Tempel der Sibylle von Cumae. Er inauguriert das neue Goldene Zeitalter, das unter der Herrschaft des Saturn stehen wird. Das Attribut des Saturn ist die Sichel, die aus einer Mauerlücke des Tempels heraushängt. Mit seiner Sichel mäht Saturn das entartete Alte nieder, um dem „Neuen" Platz zu schaffen. Das wird bedeutungsvoll durch die Ziffer 9 auf dem Buche, das die Sibylle in der linken Hand hält, angezeigt. Denn wie wir an anderer Stelle nachgewiesen haben, ist in allen indogermanischen Sprachen die Sprachwurzel der Zahl „Neun" mit dem Begriff „Neu" identisch. (Vergleiche: Deutsch „neun" und „neu"; lateinisch: „novem" und „novus"; französisch: „neuf" = neun und neu; griechisch: „en-nea" und „neos" [urspünglich: neva und nevos] usw.)

Mit der rechten Hand stützt sich die Sibylle auf eine Harfe, die als Kunst der Musen die Harmonie aller Geist und Gemüt bildenden Künste und ihre Heilwirkung andeutet. Wirth, der sich ja eingehend mit dem Tarot beschäftigt hat, zieht gern, so auch hier, die Tarotkarten zur Deutung heran, was höchstens als Parallele zulässig wäre, aber den Geist der Symbolik unseres Bildes nicht zu erhellen geeignet ist. Dagegen bleibt er in der Überlieferung der *Sibyllinischen Bücher*, wenn er die Goldstücke zu Füßen der Sibylle als den Kaufpreis der Bücher deutet, die Tarquinius Superbus von der Sibylle erstand. Wenn er, damit nicht genug, auch noch auf die Geldstücke anspielt, die auf der Tarotkarte des Gehängten zu sehen sind, so ist ein solcher „Embarras de richesse" nur störend. Der Tarot hat mit der Symbolik unseres Bildes überhaupt nichts zu tun.

Umso geistreicher ist da seine Deutung der beiden Tritone, die auf der Kuppel des Tempelchens sitzen und mit vollen Backen aus ihren Trompeten blasen. „Wie", so fragt er, „haben sich diese dem Wasser zugehörigen Wesen eine so luftige Stelle ausgesucht? Man muss annehmen, dass es Bewohner jenes Ozeans sind, der aus den oberen Wassern am Firmament besteht, das durch das Dach des Tempels dargestellt wird. Sie sind dazu bestimmt, empfänglichen Seelen eine Vorwarnung des zu erwartenden Geschehens zu geben" (wörtlich: „einzublasen"). –

So geistreich diese Hypothese ist, diese Wasserwesen als Bewohner des Ozeans der Wasser oberhalb des Firmaments, das durch das Dach des Tempels dargestellt sein soll, zu vermuten, so ist das doch zu gekünstelt. Wirth selbst scheint das zu fühlen, wenn er fortfährt: „Übrigens sind ihre Trompeten auf ein Schiff gerichtet, das auf einem bewegten Meer segelt, dessen Segel von dem Luftstoß der Tritonen geschwellt zu werden scheinen." Beide Hypothesen schließen sich aus. Dem Augenschein nach verdient die Letztere entschieden den Vorzug, zumal die Trompeten auf die geblähten Segel des Schiffes zu zielen scheinen. Dann aber hat der Maler nicht bedacht, dass nach der Tradition die Tritonen dazu bestimmt sind, die Wellen zu beruhigen und die Stürme zu stillen, wie wir aus Virgil und Ovid wissen. Überdies war Triton auch der Trompeter des Meergottes, dessen Ankunft er ankündigte. Nach unserer Ansicht geben die beiden Tritonen dem Schiff lediglich die Versicherung, dass es im Sturm unter ihrem Schutze steht.

Wir wenden uns von hier zunächst zu der zentralen Figur des Bildes, die nach Wirth den Maler als durch das 12. Kapitel der Apokalypse beeinflusst zeigt. Diese Deutung Wirths wird in keiner Weise durch das Bild nahegelegt. Wirth sagt nach diese Deutung etwas gezwungen selber: „Wenn diese Jungfrau esoterisch Analogien mit der Isis und mancher anderen heidnischen Gottheit aufweist, so liegt das daran, dass es im Grunde nur eine einzige Esoterik gibt, die nach der Phantasie der Dichter-Philosophen, der Schöpfer der primitiven Mythen, verschieden ausgedrückt wird. ... Der Künstler hat vollkommen die ‚Mutter Christi' darstellen wollen. Der Christus der ehrwürdigen Väter des 17. Jahrhunderts stimmte vielleicht, was zuzugeben ist, nicht sehr genau mit dem einfachen ‚bambino' unserer braven Frömmlerinnen überein: er konnte einer unendlich erhabenen Konzeption entsprechen." In dem Bestreben, dem Bild den Geruch der Freimaurerei zu benehmen, mit dem es ja tatsächlich nichts gemein hat, möchte ihm Wirth sogar ein Übermaß von Katholizismus zuerkennen. Sein Grundfehler, die vollständig unsinnige Übersetzung der griechischen Unterschrift des Bildes, rächt sich immer wieder. Wir wiederholen die Übersetzung des griechischen Textes, an dem nicht zu rütteln ist: „Ich, eine Jungfrau, habe ein Kind geboren, ich selbst bin elternlos." Das ist die „Kore Kosmu", die „Jungfrau der Welt", das autogene Prinzip, dessen Schöpfung die Welt ist.

In den sogenannten *Hermetischen Schriften: Corpus Hermeticum*, die dem Hermes Trismegistus zugeschrieben werden, führt das III. Buch den Titel: *Die Jungfrau der Welt*. Das erste Buch beginnt mit den Worten: „Nachdem sie so gesprochen, schenkt Isis zuerst ihrem Sohne Horos den süßen Trank der Unsterblichkeit ein, den die Seelen der Götter empfangen, und beginnt so die hoch-heilige Rede. „Die Isis wird auch „Mater Deorum", Mutter der Götter genannt. Dem entspricht, dass im Katholizismus die „Jungfrau Maria" auch „Mutter Gottes" ist. Wirth selbst, der mit der zentralen Figur der „Jungfrau" durch seinen falschen Ausgangspunkt nicht weiter kommt, greift, um mit einiger Präzision den initiatischen Symbolismus des Mittelalters und der Renaissance, wie er sich ausdrückt, deuten zu können, wiederum zum Tarot, eine Abschweifung, die gar nichts mit unserm Bilde zu tun hat. Hier haben wir es ausschließlich mit der antiken Mythologie zu tun, deren Geist gerade dem Bilde den unverkennbaren originalen Stempel aufdrückt.

Das Haupt der Jungfrau ist von der strahlenden Sonne sowie von einem Sternenkranze umgeben, während sie auf der Mondsichel steht. Die Sonne, der Sternenkranz und die Mondsichel finden sich auch auf christlichen Darstellungen der Gottesmutter, z. B. auf dem stilvollen modernen Gemälde „Ave Maris Stella" von Georg Reiner Kau, das im Hintergrunde ein Schiff auf sturmbewegter See zeigt. Aber die christliche Madonna hält auf dem linken Arm das Jesuskind und in der Rechten die Weltkugel. Die Jungfrau unseres Bildes trägt demgegenüber kein Kind, denn das Kind, das sie nach der Unterschrift geboren hat, ist das Weltall.

Unsere Jungfrau der Welt gibt ganz andere Rätsel auf als die üblichen christlichen Darstellungen. In ihrer Linken hält sie einen Tempelrundbau, der zu beiden Seiten der Pforte je zwei Fenster aufweist, deren Bedeutung durch die eingezeichneten

Symbole definiert wird. Von rechts nach links sehen wir die Sichel des Saturn, das Element Erde; dann den Dreizack des Neptun, das Element Wasser; den Blitz Jupiters, Element Feuer; den Caduceus Merkurs, d. i. Luft.

Auf der Spitze des Tempels steht der Hahn, der durch sein Krähen den Anbruch des Morgens, des „neuen“ Morgens eines „neuen“ menschlichen Geschlechts unter der Herrschaft des Saturn und der Rückkehr der Jungfrau Astraea ankündigt. Astraea hatte als letzte der Himmlischen am Ende des verflossenen Zeitalters die Erde verlassen. Dieser Tempel wird durch neun Fenster vom Licht erhellt"; die Zahl „Neun" spielt wieder auf das „neue" Äon an. Man ist versucht, an Goethes Verse im *Faust* II, 2. Akt zu denken:

„Blick auf! Hier steht bedeutend nah
Im Mondenschein der ew'ge Tempel da."

Zu dem Bleilot, das an einer aus dem Tempel horizontal herausragenden Stange senkrecht und parallel zum Tempelbau herabhängt, weiß Wirth auffallenderweise nur zu sagen, dass dadurch die Notwendigkeit angezeigt werde, in sich selbst hinabzusteigen und bis zu dem Mittelpunkt zu dringen, aus dem das innere Licht entspringt. Dazu haben wir zu bemerken, dass das Blei dem Saturn zugeordnet ist und als Blei der Philosophen den idealen Menschen im Zustand der Demut und Ergebung darstellt. Der lotrechte Tempel ist das Modell des lotrechten, alchemistisch vollendeten Menschen. Es ist der Tempel, von dem auch Christus spricht.

Das Lot hängt über einem priesterlich in roter Toga gekleideten und mit zahlreichen Insignien ausgestatteten Greise, sodass man in ihm vielleicht diesen Idealmenschen vermuten kann. Als Barett trägt er auf dem Kopfe eine Art Doktorhut, das Zeichen seiner Gelehrsamkeit. Wirth sieht in ihm mit Recht einen Isispriester, und die vielen Instrumente, die er in den Händen trägt, lassen ihn als einen Adepten der hermetischen Kunst erkennen. Der goldene Caduceus oder Hermesstab bezeichnet mit den beiden sich entgegengesetzt windenden Schlangen die polar entgegengesetzt wirkenden Ströme des Großen Magischen Agens, das auch als „Astrallicht" bekannt ist. Das Astrallicht ist ein initiatisches Symbol für die dem Eingeweihten eignende Macht über die Kräfte der Natur, die nur einem befreiten erleuchteten Geiste zukommt, der das Menschliche überwunden hat. Wirth drückt es so aus: „Der Initiierte muss diese Kräfte zu fassen wissen, um sie auf die Hervorbringung von Wirkungen anzuwenden, die das Volk als wunderbar ansieht, weil es die natürliche, aber geheimnisvolle Ursache nicht kennt." Wenn diese Formulierung „muss wissen" als eine Bedingung für den Modus operandi gelten soll, so ist das ein Missverständnis. Denn der legitim Eingeweihte handelt nicht etwa in einem technischen Sinne, sondern so wie ein Mensch oder ein anderes Lebewesen atmet, sua sponte. Und die „magischen Waffen", seine Instrumente sind nur Symbole seines Vermögens. Es handelt sich hier, was Wirth offenbar unbekannt ist, um das taoistische „wei-wuwei" des Laotse, um das „Handeln, ohne zu handeln". Es ist das eine spezifische Form des Handelns als Nicht-Handeln, das das Geheimnis des übernatürlich wirkenden Glaubens ist. Es ist die Haltung der Demut und Ergebung des „Dein Wille geschehe". Hierzu gehören auch die bekannten Aussprüche Christi bei Lukas 17,33; Markus 8,35 und Johannes 12,25: „Wer sein Leben retten will usw.", sowie Goethes „Die Existenz aufgeben, um zu extistieren" (an Schubarth 9. VIII. 80). Sehr charakteristisch auch ein von Julius Evola in *Saggi sull'idealismo Magico* (Roma 1925, S. 112, Anmerkung 1) nach Tibemont-Dessaignes, *L'Empereur de Chine*, Paris 1921, p. 56 wiedergegebenes Zitat: „Un homme peut-il être Dieu? – Oui. – Lequel? La sphère est rétractée, le centre s'est irradié." (Kann ein Mensch Gott sein? – Welcher? – „Die Sphäre hat sich zusammengezogen, das Zentrum hat sich ausgedehnt.")

Dieser Isispriester ist ein Magus, denn er führt die magischen Waffen in seinen Händen. Er führt neben dem Caduceus (Hermesstab) den Magischen Stab, der ein Symbol seines Willens ist, das große Werk zu vollenden. Wirth macht die richtige Bemerkung, dass der Eingeweihte zugleich Schüler und Liebhaber der Isis, das heißt Schüler und Vertrauter der Natur ist.

Der magische Stab ist die Hauptwaffe des Magus. Aleister Crowley sagt, der Name des Stabes sei der „magische Eid“, das Große Werk zu vollenden. In der linken Hand hält der Magus auch den hermetischen Siegelring, der nach Pernéty das „souveräne Band“ darstellt, das die Kette der verschiedenen Bindungen der vier Elemente bildet. Nach Wirth weist der Ring seinen Träger als Mitglied der Gesellschaft, der in die Geheimnisse der ewigen Tradition Eingeweihten aus.

In der rechten Hand hält der Magus ein Buch, sein magisches Tagebuch, das ihm die Kontrolle seiner bisherigen Entwicklung ermöglicht. Nach Wirth ist es die Sammlung der Wahrheiten, die der Magus durch seine eigenen Meditationsübungen erkannt hat. In derselben Hand hält er einen Dolch, der nach Wirth dazu dient, die Ansammlungen unbewusster Energien, deren Explosion schlimmste Katastrophen hervorrufen könnte, zu zerstreuen. Diese Erklärung ist viel zu diplomatisch, eine Verlegenheit, mit der sich nichts anfangen lässt. In seinem ausgezeichneten kleinen Traktat „Buch 4, *Magie*“ sagt Aleister Crowley, der als „Meister Therion“ zeichnet: „Der Dolch ist Merkur, er wird dazu verwendet, um zu große Hitze durch Aderlass zu dämpfen, und diese Waffe ist es, die dem Magus in die Seite oder in das Herz gestoßen wird, um den heiligen Becher zu füllen. So wird mit den Kräften verfahren, die zwischen die Begierden und die Vernunft kommen.“ So wörtlich. In seinem großen Werk *Magie in Theorie und Praxis* (Kap. II) drückt Crowley sich so aus: „Da der Dolch seiner Natur nach im Kritisieren, Zerstören, Zerstreuen liegt und alle wahren magischen Zeremonien nach Konzentration streben, so wird der Dolch hauptsächlich heim Bannen erscheinen, somit vor der eigentlichen Zeremonie.“ In dem zuerst genannten Buch 4 weist Crowley darauf hin, dass bei der Marte-

rung Christi der Dolch durch die Nägel ersetzt wurde; der Dolch drückt den Entschluss aus, „alles zu opfern.“

Der Dolch des Magus auf unserm Bilde könnte auch ein Schwert bedeuten und es ersetzen, obwohl ein solches diesem priesterlich gehaltenen Weisen nicht so anstehen würde. Wirth sagt nur nebenbei, das magische Schwert spiele eine analoge Rolle, indem es die Phantome abwehre. Das Schwert des „Wortes“ (Vernunft) sei die Waffe des Weisen. Crowley sagt unter anderem, dass das Schwert für den Anfänger notwendig, aber eine rohe Waffe sei. Es ist auch die Waffe, mit der man Dämonen in Schrecken versetzt und beherrscht. Dabei soll die Spitze des Schwertes nach unten gehalten werden.

Es kann jedoch mit beiden Händen fest und aufrecht gehalten werden, um zu symbolisieren, dass der Gedanke eins geworden ist mit dem einzigen Streben. Der Magus kann das Schwert nicht schwingen, wenn nicht die Krone auf seinem Haupte ist. –

Es ist übrigens bekannt, dass Parazelsus stets auch beim Schlafen ein Schwert bei sich führte. Seine Gefährten haben berichtet, dass er nach seiner Rückkehr aus der Kneipe in angetrunkenem Zustande mit dem Schwert in der Luft gegen Dämonen gefochten habe. Die Schüler haben nicht verstanden, dass Parazelsus in seinem „angeheiterten" Zustande von störenden Gedanken-Dämonen sich angegriffen fühlte, über die er mit dem Schwerte magisch Herr zu werden suchte. Sein Schwert trug eingraviert das berühmte geheimnisvolle Zauberwort „Azoth", das in der Alchemie die Universalmedizin symbolisiert. Azoth ist als Wort konstruiert aus den Anfangs- und Endbuchstaben: der alten drei Alphabete: Hebräisch Aleph (A) und Thau (TH) – Griechisch Alpha (A) und Omega (O) – Lateinisch A und Z. Es symbolisiert so Anfang und Ende jedes hermetischen Prozesses.

Neben dem in Rot gekleideten Isispriester steht eine in Weiß gekleidete Frau. Rot bedeutet männliche Aktivität, weiß weibliche Rezeptivität, wie Wirth anmerkt. Diese Frau ist eine Isispriesterin, nach Oswald Wirth die untrennbare Gefährtin des Adepten, die seine intuitiven Fähigkeiten personifiziert. In der Hermetik entspricht die Frau der Luna oder dem Merkur der Philosophen. Als weiße Frau bedeutet sie den Merkur im weißen Zustand. Die mit Flamme brennende Fackel in ihrer linken Hand weist nach unserer Auffassung auf die Erleuchtung durch das der Frau eignende intuitive Vermögen, das der logischen Schlussfolgerung des männlichen Geistes einen Ausgangspunkt bieten kann. Es ist das innere Licht, das den Erkenntnisprozess erleuchten muss.

Das Täschchen, das die Priesterin am linken Arm trägt, deutet nach Wirth auf die Verpflichtung zur karitativen Nächstenliebe, auf das Almosengeben an die Armen hin. Das ist wohl richtig, aber es ist das dahin zu interpretieren, dass der Eingeweihte, frei von hochmütigem Geiz, seinen *geistigen* Reichtum den Bedürftigen nicht vorenthalten soll.

In der rechten Hand hält die Priesterin einen Spiegel, der offenbar das Vermögen des Adepten andeutet, die geheimnisvollen Einflüsse des Astrallichtes, des Großen Magischen Gens zu empfangen und zu deuten. Nur der von den menschlichen Leidenschaften befreite Geist kann diese Einflüsse unverfälscht erfassen. Es sind die Winke der ewigen Wahrheit der einen Urtradition, die den Initiierten in allen seinen Handlungen inspirieren. Wirth äußert sich zu den Bildern des Astrallichtes dahin, dass sie

> „lebendig sind; sie gesellen sich zu den Imaginationen, rufen die Träume hervor, nähren sich von den Gedanken, die sie suggerieren, von den Wünschen, die sie erregen und von den Aspirationen, die sie unterhalten. Diese mentalen Phantome treten immer wieder von neuem in den Zeitaltern auf und dienen so als Vehikel dieser unvergänglichen Tradition, die, unabhängig von dem Gedächtnis der Menschen oder materieller Dokumente, in ätherischen Charakteren allein in dem geheimnisvollen Buche der großen Offenbarerin verzeichnet ist.“ –

Wir meinen sagen zu müssen, dass der Künstler diesen bedeutenden Charakter der Priesterin als unerlässliche Gehilfin des Adepten in der taktvollen, bescheidenen Haltung überaus anziehend gestaltet hat.

Vor dem Adepten sehen wir zu seinen Füßen ein Körbchen, das eine Anzahl Gegenstände enthält; unmittelbar daneben liegen auf der Erde zwei grobe Steine. Diese Steine können nur die Ausgangsmaterie für die Bearbeitung zum „Lapis", dem Stein der Weisen als dem idealen Endprodukt der alchymischen Arbeit am Opus Magnum, dem Großen Werke bedeuten. Es sind zwei Steine, je einer für die beiden Personen. Dadurch werden auch die verschiedenen Gegenstände im Körbchen determiniert als Symbol-Werkzeuge zur Bearbeitung des rohen Steins, der Materie des Werkes. Wirth will in den Werkzeugen ein Bündel von Schreibstiften, ein Lineal, ein Federmesser, einen Schaber und einen Rohrschreiber sehen; dabei lehnt er die Deutung des Bündels als einer Getreideähre ab, wie De la Rive will, der an das bekannte Passwort *Schiboleth* denkt, das „Ähre" bedeutet.

Wirth hebt auch hervor, dass der Adept barfüßig dargestellt ist, was ihn als einen erkennen lässt, der den Zugang zum Allerheiligsten hat, dessen Boden er in *direkter* Verbindung betreten kann, während die Beschuhung unempfindlich für die aus der Tiefe emanierenden Inspirationen machen würde. Bedenkt man dabei, dass dem Initiierten ein Calamus, d.h. ein Schreiberohr zur Verfügung steht, so sind die Schreibstifte eigentlich überflüssig. Das Bündel ist jedenfalls einem Ährenbündel ähnlicher als Schreibstiften, sodass uns die Konjektur als Passwort *Schiboleth*, zumal in Verbindung mit der Barfüßigkeit, als treffender erscheint.

Wenden wir uns nunmehr zur rechten Seite der Jungfrau, so sehen wir in ihrer rechten Hand ein eiförmiges Gefäß, das unter dem Namen „Ei der Philosophen" bekannt ist. Wirth bezieht sich in seiner Beschreibung selbst auf das *Dictionnaire Mytho-Hermétique* von Pernéty, S. 347. Wir zitieren daher einiges direkt aus Pernéty, das konzinner und klarer gehalten ist als

Wirths Referat. Die Weisen, so heißt es da, bezeichnen mit „Ei der Philosophen“ nicht das Beinhaltende, sondern den Inhalt, der das Gefäß der Natur ist, und das während der Putrefaktion (Fäulnisprozess). Raymundus Lullus sagt, dass die Materie des Werkes, wenn sie fest wird, die Form eines Eies annimmt. Die Operationen des Großen Werkes laufen auf die Geburt des philosophischen Kindes hinaus. In einem bestimmten Augenblick, der das Werk krönt, erscheinen die bunten Farben des sogenannten Pfauenschwanzes. Vier Adlerköpfe tragen nach Art von Henkeln das Gefäß, das Ei der Weisen, was auf die vierfache Fixierung der Elemente anspielt. Eine Himmelskugel umschließt das Ei; schräg zu der Kugel ist der Tierkreis zu sehen. Wirth soll hier noch erwähnt werden wegen einer außerordentlich scharfsinnigen Bemerkung. Der Mittelpunkt des Tierkreises fällt mit dem des philosophischen Eies zusammen, dessen Mittelpunkt mit einem kleinen Kreise bezeichnet ist. Dazu unterlässt es Wirth allerdings zu erläutern, dass der Durchmesser dieses kleinen Kreises unendlich klein, aber doch positiv von einem mathematischen Punkte verschieden ist. Hätte Wirth ihn als Punkt gezeichnet, so würde der Leser darin nur einen Kreismittelpunkt gesehen haben. Wirt drückt das auch aus mit der Bemerkung: der kleine Kreis o wolle gleichsam sagen, dass der mathematische Mittelpunkt jedes Wesens mit dem Unendlichen o zusammenfalle. Und damit trifft Wirth die Bedeutung des anderen vergoldeten Kreises, der senkrecht zu dem Tierkreis gezeichnet ist: „Ein zweiter vergoldeter Kreis greift über den ersten (den kleinen) hinaus, indem er ihn übersteigt. Er ist eine Anspielung auf das, was aus der Sublimation der Persönlichkeit resultiert.“

Unser Blick geht nun zu den Symbolen, die zu Füßen der „Jungfrau der Welt“ unter der Mondsichel angebracht sind. Die Mondsichel selbst ist mit den Spitzen nach oben gezeichnet, die Jungfrau steht in der Sichel als ihrem Fundament. Dadurch hat sie Kontakt mit dem, was unter dem wechselnden Mond steht. Dazu gehören zunächst die vier Elemente, die unter der Gestalt eines sphinxartigen Ungeheuers zusammengefasst sind: Erde und Feuer sind als Löwe, der Feuer speit, angedeutet; er ist geflügelt als Luft, und das vierte Element Wasser ist ihm ebenso vertraut, da es darin schwimmt. Der rote Löwe bezeichnet nach Pernéty die irdene und mineralische Materie. – In der Mitte unter der Mondsichel sehen wir die geflügelte Erdkugel, geflügelt, um ihr freies Schweben im Raume anzudeuten. Wirth meint, die Erdkugel sei durch die krumme Linie auf der Vorderfläche in zwei Hemisphären geteilt. Das ist nicht der Fall, denn diese krumme Linie dient nur dazu, statt eines bloßen Kreises die kugelförmige Gestalt der Erde wiederzugeben. Die Anspielungen, die Wirth an seine vermuteten Hemisphären knüpft, entfallen. Sehr schön sagt Wirth dann von der Venus:

> „Die impulsive Glut entfacht sich besonders unter der Herrschaft der Venus der Frau, die mit einem flammenden Herzen in der Hand sozusagen dem geflügelten Erdglobus entschlüpft. Es ist die Leidenschaft, die sich exteriorisiert, und so die Leidenschaft gebiert, eine blinde Kraft – der daneben gezeichnete Cupido hat die Augen verbunden und schießt den Pfeil ab.“

Dieser Leidenschaft des Gefühls, die zur sublunaren Region gehört, steht die reine Geistigkeit gegenüber, die über dieser Sphäre zu beiden Seiten der Jungfrau in Gestalt von zwei pausbäckigen Engelchen dargestellt ist. Sie blasen den Wind des Geistes – Spiritus flat ubi vult – (Der Geist weht, wo er will). Der eine Engel ist rot, nach Wirth die Spiritualität, die zu Handlungen treibt, der andre weiß, der den Verstand erleuchtet.

Auch darin müssen wir Wirth beistimmen, wenn er scharfsinnig betont, dass das ganze Gemälde diesem Dualismus Rech-

nung trägt. Alles rechter Hand von der Jungfrau bezieht sich auf die Praxis des Großen Werkes, auf seine Verwirklichung auf dem *feuchten* oder *mystischen* Wege, wofür das auf den Wogen des kosmischen Ozeans segelnde Schiff charakteristisch ist. Demgegenüber ist alles auf der linken Seite der Jungfrau der *Theorie*, der Kontemplation vorbehalten, durch welche der Adept die Geheimnisse einer Weisheit gewinnt, die ihm durch sich selbst genügt. Das ist der *trockene* oder *rationelle* Weg auf der festen Erde, die ihm die Grundlage eines transzendenten Positivismus bietet. So sieht es Wirth klar und deutlich.

Wir wenden uns nunmehr dem auf den ersten Blick unerwarteten Schauspiel eines bemannten Schiffes zu, das scheinbar ohne Zusammenhang mit den esoterischen Problemen, die uns bis jetzt beschäftigt haben, ist. Ebenso erkennen wir auf den ersten Blick, dass es sich bei dem Schiff um die berühmte *Argo* handelt, deren Besatzung die Argonauten (Argos-Schiffer) sind. Dieses Schiff unternahm unter Führung des Jason die weite Fahrt nach Kolchis. Der Zweck der Fahrt war die Eroberung des Goldenen Vlieses. Der Name des Schiffes kann als „schnell“ gedeutet werden.

Die Sage war schon vor Homer bekannt, der in der Odyssee 12,66 ff die hehre Kirke bei Erwähnung der Plankten, der zusammenstoßenden Irrfelsen sagen lässt:

„Nimmer entrann auch ein Schiff der Sterblichen, welches hinanfuhr;
Sondern zugleich die Scheiter der Schiff' und die Leichen der Männer
Rafft das Gewoge des Meers und verzehrender Feuerorkan hin.
Argo, die allbesungene, zurückgekehrt von Aietes.
Und bald hätt' auch diese die Flut an die Klippen geschmettert;
Doch sie geleitete Hera, die Helferin war dem Iason.
Argo, die allbesungne, zurückgekehrt von Aietes.“

Die Fabel um das Goldene Vlies und seine Eroberung durch Jason ist kurz zusammengefasst in ihren wesentlichen Motiven folgende: Pelias, Jasons Onkel, hatte die Königsherrschaft in Thessalien usurpiert. Als Jason zum Jüngling erwachsen war, forderte er die ihm zustehende Krone vor allem Volke von Pelias zurück. Pelias erklärte sich dazu bereit, wenn Jason das Goldene Vlies erbeutet habe. Dieses Goldene Vlies befand sich in Kolchis, wo es als kostbares Heiligtum an einem Baum in einem geweihten Haine hing. Der Herrscher von Kolchis war der König Aietes. Ein Widder mit goldenem Fell hatte einst den Phrixus und seine Schwester Helle auf ihrer Flucht nach Kolchis getragen, wobei Helle über dem dann nach ihr benannten Hellespont abstürzte und ertrank. Phrixus opferte in Kolchis den Widder den Göttern. Man hat bisher viel an der Natur dieses Felles herumgerätselt, ohne eine annehmbare Deutung zu finden. Nach der einleuchtenden, oben von uns berichteten sinnvollen Deutung durch Herrn Carrière muss Jason das Fell eine Zeit lang in das goldhaltige Meerwasser gelegt haben, bevor er es im Haine aufhing. Da wir nicht gut annehmen können, dass ein physischer Widder den Phrixus durch die Luft zum Ziele getragen hat, so werden wir die Fabel dahin zu verstehen haben, dass Phrixus den Göttern zum Dank für seine Rettung das Opfer eines Widders versprochen hat, da der Widder den Alten als besonders wertvoll galt.

Der Mast des Schiffes war aus einer Eiche gezimmert, die im Wald von Dodona stand. Daselbst befand sich das älteste Orakel des Zeus und man glaubte, dass das Schiff Argo Orakel geben könne. Die ganze Fabel ist eine Allegorie des großen Werkes der Alchemie. Die ganze Fahrt hat Mysteriencharakter.

Jason nahm die listige Bedingung des Pelias im Vertrauen auf seine nach Abenteuern dürstende Jugendkraft an. Das Schiff Argo, ein Fünfzigruderer, wurde gezimmert und eine Besatzung von fünfzig Helden zusammengestellt. Die berühmtesten Heroen des Altertums traten an, unter diesen Herakles, die Zwillinge Kastor und Pollux, Peleus, Orpheus, Telamon, Lynkeus, der Scharfäugige und der Steuermann Tiphys. Orpheus erheiterte die Gefährten mit seinem Harfenspiel und feuerte durch seinen Gesang den Mut der Gefährten in schwierigen Situationen an. Im *Faust* II, 2751ff fragt Faust den Chiron:

> „Doch unter den heroischen Gestalten,
> Wen hast du für den Tüchtigsten gehalten?“

Darauf gibt Chiron folgende Charakteristik der Argonauten:

„Im hehren Argonautenkreise
War jeder brav nach seiner eignen Weise,
Und nach der Kraft, die ihn beseelte,
Konnt' er genügen, wo's den Andern fehlte.
Die Dioskuren haben stets gesiegt.
Wo Jugendfüll' und Schönheit überwiegt.
Entschluss und schnelle Tat zu andrer Heil,
Den Boreaden ward's zum schönen Teil.
Nachsinnend, kräftig, klug, im Rat bequem.
So herrschte Jason, Frauen angenehm.
Dann Orpheus, zart und immer still bedächtig
Schlug er die Leier, allen übermächtig.
Scharfsichtig Lynceus, der bei Tag und Nacht
Das heil'ge Schiff durch Klipp' und Strand gebracht.
Gesellig nur lässt sich Gefahr erproben,
Wo einer wirkt, die Andern alle loben."

Auf die Frage des Faust: „Von Herkules willst nichts erwähnen?", preist dann Chiron, auch diesen als „geborenen König", den alle Menschen „göttlich preisen". Die Dioskuren (Söhne des Zeus) sind Kastor und Pollux; die Boreaden Zetes und Kalais.

Bei einem Sturme war das Schiff genötigt, den Hafen Lemnos anzulaufen, und hier war es, wo die Mannschaft gelobte, bei der Ankunft in Samothrake sich in die berühmten Mysterien daselbst einweihen zu lassen. Dieser Zug zeigt den Mysteriencharakter des Unternehmens an, ganz so, wie auch Herakles, bevor er in die Unterwelt hinabstieg, sich in die Eleusinischen Mysterien einweihen ließ. Die Helden waren eingeweihte Mysten, und ihre physisch transponierten Erlebnisse waren Symbole ihrer Initiationsstufen. Nach der Landung auf Troas verließ Herakles die Gefährten, um den Hylas zu suchen.

Zum Dank dafür, dass sie den blinden Seher Phineus von den Harpyien (geflügelte Missgestalten) befreiten, die ihm alle Speisen besudelten, erhielten die Argonauten von ihm einen Rat, wie sie am Eingang zum Schwarzen Meere durch die Symplegaden steuern sollten. Die Symplegaden, bei Homer und anderen mit den Plankten verwechselt, waren zwei gegenüber liegende Felsen, die beweglich schienen und jedes Schiff zu zermalmen suchten. Es war das in Wirklichkeit eine optische Täuschung, die nach der Durchfahrt der Argo erkannt wurde. Der Weg nach Kolchis war damit frei, wo die Argo in dem Flusse Phasis vor Anker ging.

Als Jason den Herrscher von Kolchis, Aietes, aufsuchte und das Goldene Vlies verlangte, stellte Aietes eine Reihe von Bedingungen, die er für unerfüllbar hielt. Zum Glück für Jason verliebte sich die Tochter des Aietes, die zauberkundige Medea auf den ersten Blick in den Helden. Beide schworen sich beim Tempel der Artemis ewige Treue. Drei Bedingungen stellte Aietes dem Jason: Er sollte zwei flammenatmende heilige Stiere an eine diamantene Pflugschar spannen, um mit diesen vier Morgen eines noch nie gepflügten Ackers umzupflügen. In die Furchen sollte er Drachenzähne des Kadmus, die ihm Aietes gab, säen. Aus dieser Saat würden geharnischte Männer erstehen, die Jason bis auf einen töten musste. Um sich alsdann des Goldenen Vlieses zu bemächtigen, hätte Jason zuvor noch den furchtbaren Drachen, der es bewachte, zu erlegen. Durch ihre Zauberkraft hatte Medea den Jason unüberwindlich gemacht. Sie gab ihm einen Stein, den er unter die geharnischten Männer werfen sollte, um sie uneins zu machen; dazu Kräuter und einen Trank, um den Drachen einzuschläfern.

So konnte Jason die auf ihn wutschnaubend einstürmenden Stiere durch seine ihm von Medea verliehene Zauberkraft sogleich zähmen, sie an den Pflug spannen und die Furchen ziehen, in die er die Drachenzähne säte. Als aus der Saat die geharnischten Männer hervorsprossen, die sich mit gezogenem Schwert auf den Helden stürzten, warf er den Stein unter sie. Sogleich wandten sie ihre Wut gegen einander und töteten sich gegenseitig. Aietes erkannte, dass er durch seine Tochter überlistet worden war. Deshalb beeilte sich Jason, noch in der Nacht den mit Medeas Zaubertrank eingeschläferten Drachen zu töten und das Vlies an sich zu nehmen. Um der Rache des überlisteten Aietes zu entgehen, geht Jason mit der Medea sogleich an Bord und segelt mit den Gefährten ab, nicht ohne noch viele Gefahren und Schwierigkeiten überwinden zu müssen.

Der esoterische Kern der Argonauten-Sage ist den Gebildeten im Altertum bekannt gewesen. Schon der Name des Jason ist ein Symbol, denn er bedeutet „Heiler", abgeleitet von dem Verbum „iaomai" = „heilen" und „iatros" = Heiler, Arzt. Die Argonauten waren, wie wir gesehen haben, Eingeweihte der Samothrakischen Mysterien.

Wir sind nunmehr gerüstet, um den Sinn des auf unserm Bilde dargestellten Schiffes und seiner Besatzung zu erkennen.

Indem nun Oswald Wirth zur Erklärung des Schiffes übergeht, hält er es für nötig zu betonen, dass seine Aufgabe schwieriger werde, wenn man die Geheimnisse des Schiffes erklären wolle. Diese Behauptung dürfte sich dem ebenso klugen wie vorsichtigen Erklärer aufgedrängt haben, dem es hier an Vorarbeiten auf diesem Gebiete fehlte. Er geht daher summarischer vor, begeht aber sofort einen Fehler, indem er das Schiff als die „Barke der Isis" deutet, die die Durchquerung des Lebensozeans ermögliche. Ihre vom Hauch des Universalgeistes geblähten Segel nehmen den vorwärts treibenden Enthusiasmus auf, der den Sturz des Zyklopen hervorruft, der in die Fluten gestürzt wird. Wieso Isis? Zwar gehört zur Isis auch ein Schiff,

aber Wirth muss hier ein lapsus calami, ein Schreibfehler unterlaufen sein, denn nachher spricht er von demselben Schiff als „dieses Schiff Argo".

Der Zyklop, erkenntlich an seiner Einäugigkeit, ist von dem nunmehr leeren Mastkorb des Flockmastes des Schiffes in die Fluten hinabgestürzt, weil er nach Wirth das Gleichgewicht unter dem Einfluss der astralen Trunkenheit verloren hat. „Astrale Trunkenheit“ – sublime Reminiszenz an die physische Trunkenheit des Polyphem, des gewaltigsten der Zyklopen! Im blinden Vertrauen auf seine physische Kraft, deren Symbol der Stock in seiner Hand ist, hat er die Position im Ausguck usurpiert, aber als Einäugiger ist er kritiklos und unbeherrscht seinen blinden Trieben ausgeliefert. Er ist daher ungeeignet, vom Ausguck herab objektive Signale nach unten zu geben und wird abkommandiert. Das konnte der Maler nur durch einen Absturz ins Meer verständlich machen, in welchem der Zyklop keineswegs versinkt, denn als Söhne von den Wassergottheiten Neptun und Amphitrite waren die Zyklopen auch Wasserwesen. Die Flöte oder Trompete, die der Zyklop um den Hals trägt, ist das Instrument, mit dem er seine Signale gibt. Wirth dagegen meint mehr geistreich als dessen Aufgabe angemessen, die Flöte erlaube ihm, seinen Teil im Orchester des Gottes Pan zu spielen.

Wirth meint kurz und bündig, dieser beunruhigende Impulsive müsse vom Schiff heruntergeworfen werden, denn seine Anwesenheit an Bord sei imstande, die Navigation zu gefährden. Um die Schifffahrt zu sichern, müsse die Rolle der Schiffswache dem feinen Gefühl eines Mannes anvertraut werden, der sich vollkommen in Besitz habe. Diese Forderung erfüllt nach Wirth der eine Mann im Mastkorb des zweiten Mastes. Dieser ist an den Mast angebunden mit einem Strick, den der neben ihm stehende Merkur aufknotet, während er dem abstürzenden Zyklopen nachschaut, dessen Los der privilegierte Seher nur durch eine vollkommene Objektivität vermeiden kann. Indessen widersetzt sich die Tyrannei der instinktiven Begierden als ein notwendiges Gegengewicht der totalen Aufgabe seiner selbst. Daraus entspringt ein schmerzlicher Konflikt, auf den der schwarze Rabe anspielt, der die Brust des Erleuchteten zerfleischt, zur Strafe dafür, dass er den Prometheus nachahmt, der das Feuer des Himmels raubte. Wirth, der sich 30 Jahre lang mit dem Studium des Tarot beschäftigt hat, glaubt in manchen Tarotkarten hier und da Analogien zur Thematik unseres Bildes sehen zu dürfen. So weist er auch hier bei dem Absturz des Zyklopen auf Arkanum XVI des Tarot hin, genannt das „Haus Gottes“, das vom Blitze getroffen, den abstürzenden König zeigt. Aber auf unserem Bilde ist es eine Art von Komet, wie er meint, dessen Schwanz in ein Füllhorn ausläuft, das aus dem Mittelpunkt eines leuchtenden Kreises entspringt, der einem Dreieck eingezeichnet ist. Das Dreieck aber ist das alchemistische Zeichen für Feuer. Das Ganze solle uns daran erinnern, dass das vollkommene Glück, das den höchsten Reichtum und die wirkliche Wohlfahrt verleiht, seine Quelle in dem himmlischen Feuer findet, das die reinen Seelen entflammt. Igne Natura Renovatur Integra = Durch Feuer wird die ganze Natur erneuert. –

Obwohl etwas weit hergeholt, kann man diese geistreiche Lösung nur bewundern.

Auf dem Hinterdeck des sakralen Schiffes, neben dem Stumpf eines dritten Mastes, wie Oswald Wirth meint, sitzt das Philosophische Kind auf einem strahlenden Herzen. Statt Philosophisches Kind sagen wir besser „Kind der Philosophen“. Es sitzt auch nicht an einem Maststumpf, sondern am Steuerhebel, denn das ist Wirths angeblicher Mast. Wirth hat offenbar das aus dem Wasser herausragende Steuer übersehen. Er hat auch nicht beachtet, dass das Kind der Philosophen den Steuerhebel mit der rechten Hand gefasst hält. Darüber hinaus müsste ihm apriori klar sein, dass nach dem Sinn dieser Schifffahrt nur das Kind der Philosophen das Steuer führen konnte. Gleich darauf aber spricht Wirth selbst von dem Kind als „dieser Pilot“, der nichts anderes sei als die „Vernunft“ (das inkarnierte Wort), das im christlichen Sinne der Sohn Gottes und der Erlöser sei. In der Tat finden wir auf den christlichen Darstellungen der Gottesmutter mit dem Kind auf den Arm, dass das Kind oder die Gottesmutter die Weltkugel mit dem Kreuze darüber in der Hand trägt. Die alchemistischen Philosophen sprechen nach Pernéty von dem *Kind*, das von der Natur geformt wird. Wirth sagt, dass die Weltkugel das Symbol der universalen Seele der Dinge sei, die sich zur Vollkommenheit entwickeln sollen. Es sei das der Sinn des alchemistischen Zeichens, in welchem das Kreuz das Ideogramm der Mineralität, der Erde überragt, der Erde, die als beseelt angesehen wird.

Wirth übergeht die Bedeutung des flammenden Herzens, das auffallend groß hinter dem steuernden Kind der Philosophen gezeichnet ist, es sei denn, dass seine Bemerkung zu der Vernunft sich auf das Herz bezieht: „die Vernunft, die sich auf das Gefühl und das sich daraus ergebende Licht stützt, um sich als Prinzip des Gewissens (conscience) zu offenbaren, das die menschlichen Handlungen lenkt". Einfacher und verständlicher wäre es wohl, wenn man das flammende Herz als Symbol der Liebe ansieht, denn der Steuermann muss seine verantwortungsvolle Aufgabe mit Liebe zu seinem ihm anvertrauten Schiff erfüllen.

Weiter sehen wir auf dem Schiff den mit Krone und Hermelinmantel geschmückten König, der als Befehlshaber anzusehen ist und ein Symbol des gebieterischen Willens darstellt. Im Sinne der Fabel könnte er als Jason identifiziert werden. Rätselhaft sind die Zahlen 1266 und 1137, die ihm beigegeben sind und die auch gleichsam als eine Unterschrift in der Mitte des Bildes unter der Weltkugel zu lesen sind. Wirth kann keine Lösung dafür geben. Sein Versuch, aus den Zahlen die Quersummen 1 + 2 + 6 + 6 = 15 und 1 + 1 + 3 + 7 = 12 zu ziehen, führt ihn, wie er selbst sagt, nicht weiter. Das ist sowieso ohne Sinn. Die Quersummen können hier nichts aussagen.

Man muss von denkbaren Vermutungen ausgehen. Ständen die Zahlen allein unter der Weltkugel in der Mitte des Bildes, so könnte man mit großer Wahrscheinlichkeit in den beiden Zahlensummen die Signierung mit Vor- und Zunamen des Künstlers eruieren und das Rätsel mit einiger Mühe lösen, indem man mit den Zahlenwerten der Buchstaben des griechischen Alphabets operiert. Da aber die beiden Zahlen auch bei der Figur des Königs stehen, so erscheint der Erfolg sehr fraglich, obwohl dieselben Summanden auch aus verschiedenen Wortgebilden herauskommen können. Ein Beispiel mag dem Leser zeigen, wie man den Zahlenwert etwa von Jason ermittelt, wenn man diesen als den König annimmt:

J	10
A	1
S	200
O	800
N	50
	1061

Wir haben noch eine Anzahl nahe liegender Begriffe auf ihre Psephos, d. h. ihren Zahlenwert untersucht, ohne auch nur für eine der Zahlen einen passenden Sinn zu erhalten. Ferner kann man solchen Zahlen, beziehungsweise ihrer Bedeutung als Wort einen apotropäischen Charakter als Unheil abwehrend beilegen. Nach allen diesen vergeblichen Versuchen sind wir zu unserer ersten Vermutung zurückgekehrt, indem wir in den beiden Zahlen das Ideogramm des Künstlers annehmen, der Grund hatte, anonym zu bleiben. Kein Künstler lässt sein Werk unsigniert. Unser Bedenken, dass die beiden Zahlen auch bei dem König stehen, kann durch die Annahme behoben werden, dass der Künstler sich mit diesem, der dem Jason entspricht, identifiziert. Das wird mehr als eine Vermutung, wenn wir bedenken, dass der Künstler ein Initiierter sein musste, um sein Sujet als Rekapitulation seiner eigenen Entwicklung und seiner eigenen Eroberung des Goldenen Vlieses darzustellen.

Der Königsmantel ist mit den Zeichen des Dreizacks des Neptun bestickt, der hier wie oft als Zepter des Königs figuriert.

Vor dem König und dem Kind am Steuer sehen wir dann einen alten Mann in einem hemdartigen Gewande, der sich über den Schiffsrand beugt. Nach Wirth hält er einen blühenden Mandelzweig in der Rechten und in der Linken zwei grüne Mandeln, die er Wirth zufolge zweifellos dem Drachen des elementaren Lebens anbietet. Immer nach Wirth beherrscht er als Vitalitätsprinzip die Körperseele (Venus). Er besitzt die Kunst, das Leben aufblühen zu lassen (blühender Zweig) oder sie zu konzentrieren (Früchte).

Ein anderer Greis in dunklem Gewande sitzt in der Mitte der Barke. Er hält in der Linken ein offenes Buch, über dem sich eine winzige Hütte erhebt. Das wäre nach Wirth der Knoten der Persönlichkeit, auf den alles widerhallt, der Astralkörper der westlichen Okkultisten oder der Linga Sharira der Buddhisten. Es wäre der Eremit des Tarot, dem die Aufgabe zufällt, die Astralform aufzubauen, das *Fundament* des materiellen Organismus. Es sei der Zimmermann der Veden, wofür Wirth sich auf Émile Burnouf, *Le Vase Sacré et ce qu'il contient*, S. 14 beruft. Die kleine Hütte wäre dann ein Symbol des Astralleibes. Die Deutung der beiden letzten Figuren erscheint uns zweifelhaft. Wirth beachtet auch nicht, dass die rechte Hand dieses Zimmermanns der Veden nach dem Fuß des ins Meer stürzenden Zyklopen zu greifen scheint, als ob er ihn halten wollte. Seine rechte Hand berührt den linken Fuß des Zyklopen.

Es erscheint uns wenig wahrscheinlich, dass der alte Mann mit dem blühenden Mandelzweig in der Hand die beiden Mandeln dem Drachen anbietet. Nach Ernest Bosc, *Dictionnaire général de l'Archéologie*, 3. 29 gibt es eine „mystische Mandel“, die das Symbol der Jungfräulichkeit der Jungfrau-Mutter Jesu Christi darstellt. Man erklärt dieses Symbol durch den mystischen Sinn des Aronstabes, der aus einem Mandelzweig besteht, in einer Nacht blüht und am nächsten Tage eine Mandel trägt. Bei Annahme dieser mystischen Deutung bietet dann der alte Mann die Mandeln der Jungfrau an, deren Symbol sie sind. Das wird auch dadurch annehmbar, dass die Hand des alten Mannes unzweifelhaft nach der Jungfrau gerichtet ist und keineswegs auf den Drachen weist. Auch vermögen wir nur eine Mandel in der Hand des Mannes zu sehen, so unerheblich das auch sein mag.

Dann sehen wir einen gepanzerten und behelmten Helden in kühner Haltung, der einen Stab in der rechten Hand hält und in der linken eine kleine Statue trägt, die mit einer Lanze bewaffnet ist.

Das kann nur Mars sein mit der Pallas Athene (Minerva). Mars wird häufig wie hier mit dem Befehlsstab abgebildet. Wie hier mit Helm und Lanze gerüstet, entsprang Pallas einst dem Haupte des Zeus (Jupiter). Außerdem war sie es, die das Schiff Argo nach ihrer Zeichnung hatte herstellen lassen. Auch das sprechende Holz am Hinterteil des Schiffes war nach ihrer Angabe im Walde von Dodona gefällt worden, das als Steuerruder verwandt wurde. Mars stellt hier den Mut der kriegerischen Besatzung des Schiffes dar. Gerade hier, wo die Deutung auf der Hand liegt, ist Wirth auffallend schweigsam; er beschränkt sich darauf, zu sagen: „Es ist Mars, die Inbrunst des Handelns, der seine Energie in den Dienst eines weise abgewogenen Willens stellt." Er hat die Bedeutung der ebenfalls kriegerisch gesinnten Athene, ihren Beitrag zur Konstruktion des Schiffes, wodurch sie in Gestalt eines Talismans als Schutzgöttin des Unternehmens fungierte, übersehen.

Endlich in erhöhter Stellung am Bug des Schiffes sehen wir den mit seiner Keule bewaffneten Herakles. Er trägt das Fell des einst von ihm überwundenen Nemeischen Löwen als Kopfbedeckung, die Vorderpfoten des Untiers auf der Brust gekreuzt. Der Held der siegreich bestandenen zwölf Arbeiten durfte nicht fehlen, seine Erfahrung im Kampfe räumt ihm eine überragende Vormachtstellung ein. Hier muss Wirths Scharfsinn wieder bewundert werden, dem das kleine, einem umgekehrten Y (⅄) gleichende Zeichen nicht entgangen ist, das auf dem seitlichen Rand des Buges zu sehen ist. Dieses Zeichen steht genau in der Mitte unter Herakles. Diese Gabelung ist ein Symbol des doppelten Weges, von dem der erwachsene Mensch einen für sein Leben zu wählen hat.

Wirth identifiziert diese Symbolik mit der ihm aus seinen Tarotstudien wohlvertrauten Karte „Der Liebende“, was zulässig ist. Aber diese Tarotkarte ist nach der von Xenophon wiedergegebenen Fabel des Prodikus konstruiert, deren Kern folgendermaßen lautet: Sobald Herakles erwachsen war, zog er sich in die Einsamkeit zurück, um zu überlegen, welche Lebensart er führen wolle. Da erscheinen ihm zwei schöne Frauen, deren eine würdevoll und schamhaft sich die *Tugend* nannte. Die andere in prachtvollem Gewande, üppig, mit dreisten Blicken nannte sich die *Lust*. Beide suchten ihn für sich zu gewinnen. Herkules entschied sich für die Tugend im Sinne von Tüchtigkeit, und damit hatte er aus freiem Willen ein Leben voll Härte und Arbeit gewählt. –

Das sind die zwei Wege, die das Zeichen auf der Schiffswand durch seine Gabelung andeutet. Herakles und das Unternehmen der Argonauten ist nicht von einem Zwange der Notwendigkeit determiniert, sondern steht als Arbitrium liberum, als absolut freier Wille in der Person des Herakles unzweideutig an der Spitze des Schiffes. Diesen freien Willen des Herakles gibt der ihm zunächst stehende Mars mit dem Befehlsstabe an die Besatzung.

Dieterich, *Mithrasliturgie*, S. 198 sagt: das Unterweltsbild sei „später durch das mystische Y (Υ) bezeichnet“ worden. Die See-

len sammelten sich auf einer Wiese in der Unterwelt zur Aburteilung durch ein jüngstes Gericht, um entweder rechts zu einem herrlichen Lichthain und zu ewigem Symposion einzugehen oder links in den Schlamm geworfen zu werden. Diese Lehre, so meint er, sei die des „rohen Dionysoskultes“. Beide Deutungen ergänzen sich.

Der herrliche Mythos des Argonautenzuges hat auch in travestierter Form Geschichte gemacht. Unsicher ist zwar, ob das Schiff, das Apuleius im 1. Kapitel seiner *Metamorphosen* erwähnt, an die Argo anknüpft. Apuleius sagt: „Die Winterstürme sind vorüber, des Meeres Ungestüm hat sich gelegt; die Schifffahrt beginnt: Meine Priester weihen mir ein neugezimmertes Schiff und opfern mir die Erstlinge jeglicher Ladung.“ So spricht die Göttin Isis zu ihm im Traume. –

Aber kein Zweifel kann gegen die Etymologie des Wortes „Carneval“ erhoben werden, das aus Carrus navalis (Schiffskarren) abgeleitet wird. Französisch „carnaval“, italienisch „carnevale". Letztere Form hat mit Bezug auf die mit Aschermittwoch einsetzende Fastenzeit auch die närrische Übersetzung „Fleisch lebewohl!" gefunden. Aber die Schiffskarren, die seit altersher bei den Fastnachtsumzügen auftreten, sind ihrem Ursprunge nach Kultwagen gewesen. Fragt man sich dann, warum gerade ein Schiff herumgefahren wurde, so wird man kaum umhinkommen, in dieser Karnevalsposse eine Travestie der Argonautenfahrt zu erblicken. Wir bringen hier aus dem erwähnten Buche von Höfler, *Kultische Geheimbünde der Germanen*, I, S. 87 die Abbildung eines solchen Karnevalschiffes aus dem 16. Jahrhundert, (Nürnberger Stadtbibliothek, *Cod. Nor.* K 444, ein Doppelblatt), das uns ein anschauliches Zerrbild des Argoschiffes und seiner Besatzung gibt.

Wir sind aber auch in der Lage, unserm Leser zwei Abbildungen aus einem überaus seltenen, im Jahre 1666 in Amsterdam erschienenen Buche zu geben, die noch vollständig den Geist des Argonautenzuges atmen. Wegen der ungemeinen Seltenheit dieses kostbaren Werkes, das sich in unserm Besitz befindet, haben wir in unserm Buche *Lebenskunst in Yoga und Magie*, Zürich, 1953, S. 90, Anm., den Verfasser, über den nur irrtümliche Angaben bestehen, als den bekannten Mystiker Abraham von Franckenberg (geb. 1593) nachgewiesen. Der eigentliche Titel des Buches, das in lateinischer Sprache abgefasst ist und mehrere Abhandlungen über verschiedene Themen enthält, lautet: *Chymica Vannus*, das heißt hier polemisch „Chymischer Dreschflegel". Vannus bedeutet gemeinhin Getreideschwinge, ist aber hier als Züchtigungsinstrument gedacht, da der Verfasser gleich auf der Rückseite des Titelblattes ein scharfes Epigramm gegen den Zoilus, den bekannten Tadler des Homer richtet, eine Warnung an inkompetente Tadler seines Buches. Auf Seite 192 des Buches findet sich eine Tafel mit verschiedenen Abbildungen, die sich

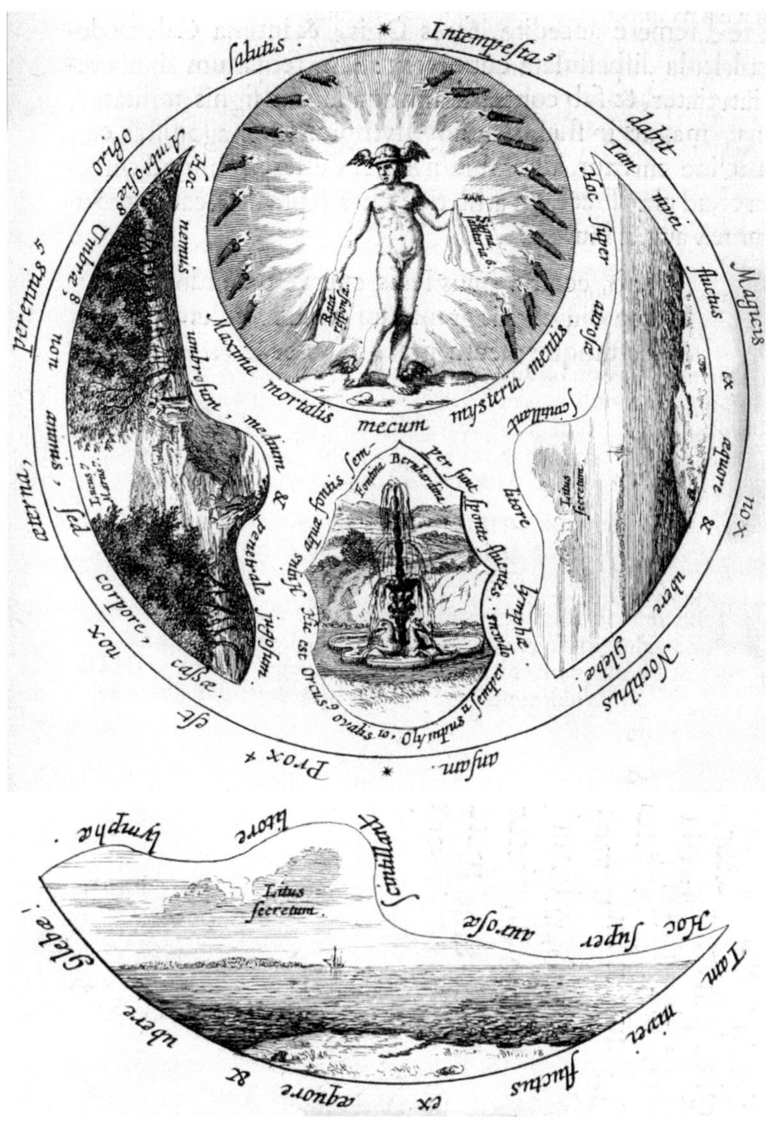

auf die elysischen Gefilde beziehen. Eine davon stellt ein weites Meer dar; in der Ferne segelt ein Schiff in Richtung auf das „geheime Gestade“ (Litus secretum). Es ist das Schiff Argo. Dieser Abbildung gegenüber sehen wir den Hain (Lucus), in welchem nach dem Text der Erklärung „von dem immer wachsamen Drachen das Goldene Vlies des Widders des Phryxus aufbewahrt wird“ („In quo scilicet a dracone pervigili asservatur Aureum Arietis Phryxei Vellus“).

Von diesem Werk *Chymica Vannus* sagt der Verfasser Von Franckenberg auf dem Titel, dass es erlangt und aufgestellt worden sei von seinem Förderer als ein sterbliches Unternehmen; aber von den unsterblichen Adepten als Proautoren erfunden. Das ist charakteristisch für die Urtradition, denn die mythologischen Urvorstellungen stammen aus einem von dem unsrigen verschiedenen Bewusstsein. Die sakrale Traditionsweisheit, auch Hermetische Tradition genannt, ist heute verloren und unverständlich. Alle Mythologie ist die figürliche oder symbolische Konzeption einer metaphysischen Psychologie, der die Götter als Begründer, Leiter und Schutzherren der Welt gelten. Die Gesamtheit dieser nicht-menschlichen Lehren und Symbole bildet die Urtradition, die Überlieferung des Anfangs. Als höchstes Ideal gilt ihr die Realisation der Unsterblichkeit durch eine magische Haltung par excellence, die die metaphysische Integration der Persönlichkeit zum Ziele hat.

So lehrt die Mysteriosophie, dass der Heros in seinem irdischen Leben die Unsterblichkeit erringen kann. Das eben war das höchste und geheimste Ziel der Mysterien und ebenso der Argonautenfahrt. Dem Mysten wird eine „magische“ Seele zuerkannt und eine „gottgleiche“ Natur: „Entsetze dich nicht, die magische Natur deiner Seele ist deine Rüstung“, heißt es in einem Zauberpapyrus (Reitzenstein, *Hellenistische Mysterienreligionen*, S. 69). Bei Apulejus, *Metamorphosen* XI, 15 steht der Myste in einem heiligen Kriegsdienst: „da nomen sanctae huic militiae“, das heißt: „tritt ein in diesen heiligen Kriegsdienst“. Das ist auch die Argonautenfahrt, ein heiliger Kriegsdienst. Das

Reconditorium ac Reclusorium
Opulentiæ sapientiæque
Numinis Mundi Magni,
Cui deditur in titulum
CHYMICA VANNUS,
Obtenta quidem & erecta Auspice
Mortale Cœpto; Sed
Inventa Proauthoribus Immortalibus Adeptis,
Quibus
Conclusum est, sancitum & decretum,
Ut
Anno hoc per Mysteriarcham Mercurium,
Velut
Viocurium, seu Medicurium,

statVta oraCVLa sVa eXorDInè InoLesCerent,
& aVrea VerItas perspICaCIorIbVs IngenIIs
nVDè breVItérqVe InnotesCeret.

Orbe post Christum natum Millesimo, sexcentesimo, sexagesimo sexto, Idibus Majis.

AMSTELODAMI,
Apud JOANNEM JANSSONIUM à WAESBERGE,
& ELIZEUM WEYERSTRAET, ANNO 1666.

Ziel dieses heiligen Kriegsdienstes ist der Apathanatismos, d. h. die Erringung der Unsterblichkeit? der übermenschlichen Natur als Inbegriff des Reiches der Dinge an sich, deren Symbol das Goldene Vlies ist.

Die letzte allergrößte Weisheit wird in der spirituellen Alchemie durch den chymischen Begriff des Goldes verhohlen angedeutet, wie Plato sagt, dass unter dem Schleier der Fabeln und den Geheimnissen der alten Religionen dieser Goldbegriff verhüllt ist. Daher in den mittelalterlichen Traktaten über Alchymie Begriffe wie „das philosophische Gold", die „Goldene Rose", die „Goldene Dämmerung", der „Goldene Zweig", das „Gold der Weisen, nicht der Metalle". Von Hermann Fictuld gibt es auch einen Traktat *Aureum Vellus* (Das Goldene Vlies). Aus diesem Traktat ersehen wir, dass der Herzog Philipp von Burgund und Brabant einer Abhandlung den Namen „Golden Vlies" gegeben hat und dass „dieser Burgundische Ritterorden teils nach Jasons Geschichte vom Goldenen Vlies oder Vellere, teils nach Gideons Fell und Beispiel gestiftet worden, als zu welcher Zeit sehr viele Kunstbesitzer gelebt haben." In dem Büchlein *Die Sonne von Osten* (Stuttgart, 1866) werden unter anderem „die tiefen Geheimnisse der Kette des goldenen Vlieses" beschrieben als eine philosophische Auslegung. Es ist der Neudruck einer älteren Ausgabe von 1783. Ein Kapitel handelt da von dem Widderfell, in welchem der Widder „bei den Philosophen in einem dreifachen Verstande genommen" wird.

> „Erstens als ihr gemeiner Widder, oder die anfängliche Materie. – Zweitens als ihr goldener Widder, der fortan goldene Wolle trägt, oder die zur Vollkommenheit gebrachte Materie … Drittens, als ihr gestirnter Widder, oder die Zeit, in welcher dieses große Werk muss angefangen und meistens auch geendet werden" (S. 68/9). –

Ich gestehe frei, dass obwohl in den weitschweifigen Ausführungen des Büchleins die mythologische Bedeutung des Widders der Sage erfasst ist, ich doch hier die auch sonst unerklärte symbolische Natur gerade des Widders noch deutlicher machen muss. Dass der Widder kein physischer Widder war, braucht nicht erst gesagt zu werden. Dieser Widder ist das Sternbild des Widders, mit dem der Tierkreis des Jahres beginnt, das Sternbild, in welchem die Natur neu ersteht. Das ist die Zeit, um das Werk zu beginnen, das aktiviert werden soll, um das Leben zu retten. So flieht Phrixus, um sein bedrohtes Leben zu retten, zeitlich unter dem Sternbild des Widders als des Symbols der Neubelebung der Natur.

Nebenbei: Es ist interessant, dass, wie Frazer in *Der Goldene Zweig* (S. 423 f) berichtet, die ganze Sage von Phrixus und dem Goldenen Vlies dem Perserkönig Xerxes auf seinem Feldzuge gegen Griechenland, bevor er die Spartaner bei Thermopylae angriff, von seinen Führern erzählt wurde. Nach seiner Ankunft in Kolchis heiratete Phrixus danach die Tochter des Königs, der ein Kind der Sonne war, dann opferte er den Widder mit dem Goldenen Vlies dem Zeus, dem Gott des Fluges. Aber manche behaupten, er opferte ihn dem laphystischen Zeus. (Laphystion, ein Berg in Böotien mit einem Zeustempel. Phrixus stammte aus Böotien.)

Frazer führt im *Goldenen Zweig* (S. 728) aus, dass der Widder in Ägypten als heilig gehalten wurde, da er den thebanischen Gott Ammon repräsentierte. Am Feste des Gottes Ammon töteten sie einen Widder und bekleideten das Bildnis des Gottes mit dem Fell. Der Widder wurde getötet als der Gott selbst, wie Frazer betont. So geschah es in der ägyptischen Stadt Theben.

Der Königssohn Phrixus stammte, wie gesagt, aus Böotien in Griechenland, dessen Hauptstadt ebenfalls Theben hieß, was für uns ohne Belang ist.

Von Belang ist jedoch der ägyptische Widderkult, bei dem der Widder als eine Inkarnation des Gottes Ammon in sakraler Weise geopfert wurde. Denn Phrixus, der im Tierkreiszeichen des Widders seine Flucht gestartet hatte, opferte nach glücklicher Ankunft in Kolchis einen physischen Widder dem Zeus als dem Gott des Fluges. Das Fell aber ließ er nach dortiger Sitte in dem goldführenden Fluss Phasis vergolden, bevor er es in dem heiligen Hain aufhängte. Das Goldene Vlies war, wie auch aus dem Bericht an Xerxes hervorgeht, ein Ex-voto als Dankbezeugung an Zeus als den Gott des Fluges.

Der Leser, der unseren Ausführungen bis hier gefolgt ist, weiß, dass die physischen Gefahren, die jeden Argonauten auf seinem Wege zum Goldenen Vlies unter immer neuen Gestalten bedrohen, Symbole seelischer Depressionen und entmutigender Zweifel sind. In seinem wertvollen und überaus seltenen Buche *Alchemy and the Alchemists* (Boston, 1857, S. 266 ff) zitiert der amerikanische General Ethan Allen Hitchcock eine Stelle aus *Lumen de Lumine, neues magisches Licht* (1651). Der Verfasser des deutschen Originals ist Eugenius Philaletha. Bei Hitchcock lesen wir:

> „Es gibt einen Berg (Mons Magorum Invisibilis = Unsichtbarer Berg der Magier), der in der Mitte der Erde oder dem Zentrum der Welt liegt (von diesem Zentrum heißt es, dass es überall ist), das sowohl klein als groß ist. Es ist weich, aber auch über alle Maßen steinhart. Es ist weit weg, und doch nahe bei der Hand; aber durch Gottes Vorsehung unsichtbar. Darin sind verborgen allergrößte Schätze, die die Welt außerstande ist zu bewerten."

(Es folgt eine bildliche Schilderung der Schwierigkeiten, auf den Berg zu gelangen.) Dann heißt es weiter:

„Zu diesem Berg sollst du gehen in einer gewissen Nacht, wenn sie eintritt, ganz lang und dunkel (die Nacht der Prüfung, des Zweifels und der Verirrung, der dunkle Wald Dantes); sieh zu, dass du mit Gebet dich vorbereitest. Verfolge nur den Weg, der dich zum Berge führt, aber frage keinen Menschen, wo der Weg liegt; folg nur deinem Führer, der sich dir selbst anbietet und dir auf dem Wege erscheinen wird, aber du wirst ihn nicht erkennen. (Tatsächlich erkennen nur sehr wenige das Gewissen als das Orakel Gottes, – den Führer zu seiner Gegenwart.)

Dieser Führer wird dich zu dem Berge führen um Mitternacht, wenn alles schweigend und dunkel ist (im Zustand der größten Depression im weltlichen Sinne). Du musst dich waffnen mit entschlossenem, heroischem Mut, damit du nicht die Dinge, die da kommen werden, fürchtest (Versuchungen des Gewissens) und so zurückfällst. Ein Schwert ist dir nicht nötig (ausgenommen das des Geistes), noch irgendwelche materielle Waffen; nur rufe Gott aufrichtig und herzlich an. (Rufe die Hülfe des Allergrößten und Besten an.) Sei entschlossen und hüte dich umzukehren, denn dein Führer, der dich bis hierher brachte, wird nicht zulassen, dass dir ein Übel zustößt. Was den Schatz anbelangt, so ist er noch nicht entdeckt, aber er ist sehr nahe.

Verschiedene Prüfungen und Versuchungen werden beschrieben, so gewaltige Windstöße, ein Erdbeben und ein Feuer, das den irdischen Plunder verzehrt, und dann nach alldem und bei Tagesanbruch wird eine große Ruhe sein, du wirst den Morgenstern aufsteigen sehen, die Dämmerung wird erscheinen, und du wirst einen großen Schatz wahrnehmen. (Die *Ruhe* ist die der Seele, die sich Gott übergibt.) [Die Dämmerung ist die sogenannte *Goldene Dämmerung*, Birv.]

> Die hauptsächliche und vollkommenste Sache dabei ist eine gewisse Tinktur, vermittelst derer die Welt, wenn sie Gott dient und solcher Gaben würdig wäre, tingiert werden könnte und in allerreinstes Gold verwandelt werden (Vollkommene Gutheit).“

General Hitchcock sagt im Anschluss daran, dass viele denken werden, die Einfachheit dieser Richtlinien sei nicht soviel Mysterium und Geheimnis wert, als darum gewoben wird. Aber der Versuch, diese Lehren in die Praxis umzusetzen, könne zum schwierigsten Ding in der Welt umschlagen. Schöne Dinge sind so schwierig als selten, sagt Plato. –

Abschließend können wir sagen, dass die erste Religion der Menschheit sich ausdrückte in der Sakralen Sprache, d. h. in der sakralen Magie im alten, hohen Sinne dieses Wortes und in der spirituellen Alchymie. Es war eine Weltreligion, die sich in einer Menge mythischer Fabeln ausdrückte, eine „mystische Vermischung mit Gott“ (*Mystikē Theokrasia*), wie Jamblichus sagt. Diese sakrale Sprache hatte vor der Vielfalt der späteren Sprachen den gewaltigen Vorteil, dass sie von allen Menschen verstanden wurde und im Namen der ganzen ursprünglichen Menschheit sprach, wie Emile Soldi Colbert de Beaulieu in seinem umfangreichen Werk *La Langue sacrée, origine de l'alphabet phénicien* ausführt. Ihre alten Riten erklären die Entstehung unserer Worte, unserer Sprachwendungen, das Wesen unseres Geistes. Die antiken Mysterien und die Sage vom Goldenen Vlies und den Argonauten sind ein Beweis dafür. Das Metaphysische als Prinzip des Physischen, das Ding an sich (Noumenon) als Prinzip der Erscheinung (Phänomenon) hat Schiller mit dem ganzen Schwung seiner dichterischen Inspiration verklärt, wenn er in seinem ebenso kühnen wie grandiosen Gedicht „Die Götter Griechenlands“ den Verlust der urzeitlichen mythologischen Vision zugunsten eines seelenlosen Aufklärungsmechanismus beklagt. Dahin ist die erhabene Einweihung:

„Alles wies den eingeweihten Blicken,
Alles eines Gottes Spur.“

„Wies“! Und *dahin* ist die Chance, die die Einweihung dem Menschen bot:

„Da die Götter menschlicher noch waren,
Waren Menschen göttlicher.“

Die großartige Saga des Argonautenzuges nach dem Goldenen Vlies dürfte der älteste prähistorische Heroenmythos sein, dessen Wurzel, der metaphysische Drang des Frühmenschen, die Keime aller Mysterien-Initiationen in sich birgt. Dieser Drang ist Balzacs *Recherche de L'Absolu*. Heinrich Heines weltschmerzliche Resignation auf der Fahrt „Nach der ew'gen Jugendlande / Nach dem Eiland Bimini“ ist ein bedauerliches Lebensfazit. Aber die Bezeichnung der „Mayflower“, jenes Schiffes, das 1620 die puritanischen Pilgerväter nach Amerika führ, als eine „puritanische Argo“ in der lesenswerten *Mythologie Universelle* von Alexandre Haggerty Krappe (Paris 1930) ist, wenn ernst gemeint, eine schlimme Verwechslung disparater Begriffe.

<<>>

Ein zeitgenössischer Argonaut

Wir brauchen nicht ausführlich zu schildern, dass die Großen unter den Dichtern sich von der geheimnisvoll bedeutsamen Thematik der Argonautenfahrt nach dem Goldenen Vlies im Innersten angesprochen fühlen. Das Gold ist das Wertsymbol, so auch in den Goldenen Äpfeln der Hesperiden, einer andern Arbeit des Herakles. Dann wieder ist es ein Goldener Zweig, dem Sir James Frazer ein umfangreiches Werk gewidmet hat. Oder die Goldene Rute des Merkurstabes usw. Ein ähnliches Symbol ist auch die Rose im *Rosenroman* des Jean de Meung; „Goldstein" = der Stein der Weisen; Gesellschaft der Gold- und Rosenkreuzer und andere mehr. Aber ein moderner Dichter-Philosoph und Magus, der Engländer Aleister Crowley, geb. 1875, gest. 1947, muss hier noch zu Worte kommen, weil er seine erste magische Entwicklung unter dem Symbol der Argonautenfahrt angetreten beschrieben hat. Wir geben daher dem Leser, der uns bis hier gefolgt ist, den Bericht, den Crowley unter seinem früheren Ordensnamen Frater Perdurabo (d. i. Ich werde ausharren) als Mitglied des englischen Ordens der *Goldenen Dämmerung* (Golden Dawn) verfasst hat. Dieser Bericht ist, wie der ganze Mann, einzig in seiner Art, er findet sich in der Abhandlung „Der Tempel des Königs Salomo" in dem großen 10-bändigen Werk Crowleys mit dem Titel *Equinox*, in Vol. I, Nr. IV, 3. 43 ff.

Die mythologische Symbolik des magischen Pfades ist niemals so einfach, klar und großartig beschrieben worden als von diesem in seiner Art einzig dastehenden Manne, der sich selbst einen „Magus" nannte. Wir haben diesen Mann persönlich gekannt und mit ihm eine Korrespondenz geführt, die nach dem

Urteil eines in diesem Punkte kompetentesten Mannes, der fünf Jahre lang sein Schüler war, nur von dem mit einem langjährigen Freund gepflogenen Briefwechsel übertroffen wird. Doch wird mir hierzu von dem Erben des Crowleyschen Nachlasses, Herrn Karl Germer, mitgeteilt, dass dieser Briefwechsel inhaltlich mit dem meinigen keinen Vergleich aushält.

Crowley, der sich später „Meister Therion“ nannte, hat ein gewaltiges Schrifttum hinterlassen, darunter den 10-bändigen *Equinox*, von dem später noch Fortsetzungen erschienen sind. Er war ein Schriftsteller von Rang und ein Dichter großen Formats. Als Bergsteiger hatte er mehrere Rekorde und zwei Besteigungen des Himalaya zu verzeichnen, die jedoch nicht bis zum Gipfel gelangen. Er war Sportler und Fast-Meister im Schachspiel. Später übte er sich in Malerei. Ein englischer Herr, der fünf Jahre lang sein Schüler war, sagt von ihm: „eine so vitale und explosive Persönlichkeit, dass die Legenden über ihn Legion waren – Aleister Crowley war der farbenreichste Mann seiner Zeit.“ Bald nach seinem Tode waren nach dem Katalog 12 von G. F. Sims 92 Nummern seiner Werke für 410 Pfund verkauft.

Bereits im Jahre 1907 erschien über Aleister Crowley ein Buch: *The Star in the West. A critical Essay upon the Works of Aleister Crowley* by Capt. J. F. C. Fuller (Der Stern im Westen. Ein kritischer Essay über die Werke von Aleister Crowley), The Walter Scott Publishing Co. London, 327 Seiten. Der Verfasser, der damals als Hauptmann in Indien stehende Fuller, ist niemand anders als der im Ersten Weltkrieg durch seinen Einsatz der Tankwaffe berühmt gewordene General Fuller, der sich auch durch zahlreiche Bücher einen Namen gemacht hat. Der damals noch sehr reiche Crowley hatte einen Geldpreis ausgesetzt für die beste Arbeit über seine literarische Produktion, und Fuller bewarb sich mit genanntem Essay um diesen Preis, den er auch erhielt.

Seinem Buche setzt Fuller als Vorspruch das lateinische Distichon voraus:

„Non mihi subtilem calamum si cedat Apelles,
Quae tibi sunt dotes, posse notare putem.“
(Selbst wenn mir Apelles seinen subtilen Pinsel leihen würde, möchte ich nicht glauben, die Dir verliehenen Gaben aufzählen zu können.)

Bald nach Crowleys im Jahre 1947 erfolgtem Tode erschienen über ihn folgende Bücher:

1. *The Great Beast, The Life of Aleister Crowley.* London 1951. Verfasser ist John Symonds, der sich wesentlich auf Crowleys langjährigen Schüler und Freund Gerald Yorke stützt.
2. *Aleister Crowley. The Man : The Mage : The Poet.* London 1951. Verfasser Charles R. Cammell ist ebenfalls ein langjähriger Kenner Crowleys.
3. *The Magic of Aleister Crowley.* London 1958. Verfasser ist der unter 1. genannte John Symonds. Das Buch ist Gerald Yorke gewidmet, aber ohne dessen taktvolle Beihilfe mehr auf Sensation und Abschweifung eingestellt, was den interessanten und wertvollen Teil des Buches beeinträchtigt.

Von uns selbst ist ein größeres Werk über Aleister Crowley in Vorbereitung, das wir inzwischen abgeschlossen haben. Dieses Buch umfasst drei Teile: I. Lebensgeschichte und Entwicklung A. Crowleys. II. Inhaltsdarstellung der hauptsächlichen Werke, auch von nicht veröffentlichten. III. Eingehende Würdigung Crowleys als Mensch und Schriftsteller. Dem Buche werden zahlreiche Abbildungen beigegeben.

Schon im Jahre 1904 hatte Crowley ein 5-aktiges Drama *Argonautae* verfasst. In einer Neuausgabe 1906 (*The Works of Aleister Crowley*, Bd. II, S. 90, Anmerkung 2) bemerkt er, dass die Legende „eine Glyphe des *Magnum Opus*“ sei, was ihm bei der Abfassung seines Dramas noch nicht klar war.

Wir geben nun Crowley das Wort, um zu hören, wie er selbst die mythologische Symbolik der Argonautenfahrt realisiert hat. Crowley, der sich in dieser Phase seines Lebens als „Eremit“ bezeichnet, spricht hier von sich in der dritten Person:

> „Während der letzten zwei Jahre war er mächtig geworden in der Magie des Westens. Nach dem Studium einer Masse mystischer Systeme war er in den Orden der „Goldenen Dämmerung“ (Golden Dawn)[1] eingetreten, der für ihn eine Kinderschule gewesen war.
>
> Er hatte darin gelernt, mit den Elementen und ihren Kräften zu spielen. Als er aber zum jungen Manne gereift war, legte

1 Der *Orden der Goldenen Dämmerung* (G∴ D∴) hat eine sagenhafte Entstehungsgeschichte. Dr. William Woodman, Leiter der Rosicrucian Society England, kaufte in einem Londoner Buchladen ein Chiffre-Manuskript, das weder er, noch sein Freund Dr. Wynn Westcott, Leichenbeschauer in London und Generalsekretär genannter Gesellschaft, zu entziffern vermochten. Der Ordensbruder Mathers erst löste diese Aufgabe und fand in der Handschrift die Adresse eines Fräulein Sprengel oder Spengler aus Nürnberg, die auf Anfrage sich als Leiterin der Isis-Urania Gesellschaft in Deutschland bezeichnete. Sie bevollmächtigte die Engländer Woodman, Westcott und Mathers, den Hermetischen Orden der Goldenen Dämmerung im Jahre 1887 zu gründen. Fräulein Sprengel antwortete auf eine weitere Anfrage nicht mehr, da sie nach Aussage ihres Nachfolgers verstorben war. Meine eigenen Nachforschungen nach Frl. Sprengel, bei denen mir Gustav Meyrink und Dr. E. C. H. Peithmann behülflich waren, blieben ohne Erfolg. – Im November 1898 trat Crowley als Mitglied in die „Goldene Dämmerung“ ein.

er die kindlichen Dinge ab, um seinen Fuß in die Welt hinaus zu setzen und sich selbst das zu lehren, was keine Schule ihn lehren konnte – das Geheimnis, dass Schüler und Lehrer eins sind! (Er führt die Grade auf, die er im Orden erlangte und berichtet, dass der Orden nach einer eingetretenen Spaltung nur noch ein verlassenes, ruderloses Schiff war.) –

Er aber verließ den Orden nicht, um sich hilflos in die schäumenden Wogen des Missvergnügens zu stürzen, sondern er sprang im Gegenteil an Bord des sturmgepeitschten Adeptenschiffes Argo, das bestimmt war, ihn weit hinaus über die rötlich schimmernden Strahlen dieser untergehenden Dämmerung – zu dem mystischen Land zu tragen, wo der Große Baum stand, in dessen höchsten Zweigen das Goldene Vlies hing. Ihm war bestimmt, lange zu reisen, an Lemnos vorbei und Samothrake, durch Kolchis und die Stadt Aiea. Daselbst, in dem Tempel der Hekate, in der Gruft der Diana, unter den kalten Strahlen des Mondes, musste er als ein zweiter Jason den furchtbaren Pakt schließen, das Gelöbnis der Treue zur Medea, der Herrin der Zauberei. Dort musste er die zwei Stiere zähmen, deren Füße aus Erz, deren Hörner wie zunehmender Mond in der Nacht waren und deren Nüstern sich vermischende Flammen- und Rauchsäulen ausspien.

Daselbst musste er sich auch an jenen schweren Pflug spannen, der aus einem großen Diamantstein gemacht ist; und es ward ihm auferlegt, mit diesem zwei Acker Land zu pflügen, das noch nie zuvor von der Hand eines Menschen bearbeitet worden war; dann die Zähne des weißen Drachen zu säen und die Schar Gewaffneter zu erschlagen, jenen schwarzen Schwarm nicht im Gleichgewicht befindlicher Kräfte, der das Licht der Sonne verdunkelt. Und dann zuletzt war ihm bestimmt, mit dem Schwert des flammenden Lichtes jene immer wachsame Schlange zu erlegen, die sich in schweigender Klugheit um den Stamm jenes Baumes windet, an dem Christus gekreuzigt hängt.

All diese großen Taten vollbrachte er, wie wir sehen werden. Er zähmte die Stiere, den weißen und den schwarzen, in Muße. Er pflügte das Doppelfeld, den Osten und den Westen. Er säte die Drachenzähne, die Heere des Zweifels; und er warf zwischen sie den Stein des Zoroaster, den ihm Medea gegeben hatte, die Königin der Zauberkünste, sodass sie sogleich ihre Waffen gegen einander wandten und sich umbrachten. Und zuletzt, mit dem mystischen Kelch des Iacchus, lullte er in Schlaf den Drachen der Illusionen des Lebens; hierauf nahm er das Goldene Vlies herab und vollendete so das Große Werk.

Dann ging er von Neuem unter Segel und eilte durch Scylla und Charybdis an Circe vorbei; über die singenden Schwestern Siziliens hinaus, zurück zu den lieblichen Ebenen Thessaliens und den waldigen Abhängen des Olympus. Und eines Tages wird es dahin kommen, dass er zurückkehren wird zu jenem Land in weiter Ferne, wo das Goldene Vlies hing, das Vlies, das er den Menschenkindern brachte, damit sie sich daraus ein kleines Gewand der Behaglichkeit weben konnten. Und daselbst, an ebendenselben Baum wird er sich selbst hängen, und andere werden ihn kreuzigen; sodass bei heranrückendem Winter derjenige, der dorthin kommen wird, noch ein anderes Gewand vorfinden kann, das Gewand, das ohne Naht ist, um damit die schreckliche Nacktheit des Menschen zu bedecken. Und diejenigen, die es bekommen, wenn sie auch das Los darum werfen, werden es doch nicht zerreißen, denn es ist ganz und gar aus einem Stück gewebt."

Crowley führt dann aus II *Esdras*, VIII, 52–54 die Stelle an, woselbst es heißt: „Und am Ende erscheint der Schatz der Unsterblichkeit."

Nachdem Perdurabo so das gesamte Programm seiner magischen Entwicklung an der Symbolik der antiken Mythologie aufgestellt hat, führt er die Übungen auf, denen er sich nunmehr unter Anleitung eines Guru zunächst widmet:

> „Unter seiner Leitung begann ich daher, mich der Ausübung von Ra-ja-Yoga hinzugeben, wobei ich selbst die geringste Berücksichtigung okkulter Dinge, seiner Bitte gemäß, vermied.
>
> So meditierte ich denn zu Beginn zweimal täglich, drei Meditationen morgens und abends, über so einfache Objekte wie ein weißes Dreieck; ein rotes Kreuz; Isis; die einfachen Tattwas (die 5 subtilen elementarischen Energien); ein Stab und dergleichen mehr. Nach etwa drei Wochen hielt ich die Meditation 59 1/2 Minuten, dabei wanderte mein Denken 23 Mal. Dann begann ich auch zusammengesetztere Objekte heranzuziehen; Mein kleines Rosenkreuz; die komplexen Tattwas; das Symbol der Goldenen Dämmerung (Golden Dawn, Name der esoterischen Gesellschaft, in der Crowley seine ersten Einweihungs-Grade erhielt) und so weiter. Auch begann ich die Übung des Pendulums (gemeint ist die Bewegung eines imaginierten Pendels) und anderer einfacher regelmäßiger Bewegungen. Und so beginne ich heute, am Tage der Venus, am 22. Februar 1901, in der Stadt Guadalajara, im Hotel Cosmopolita, alles das, was ich vollende, in diesem Werke niederzuschreiben:
>
> Und möge der Frieden Gottes, der allen Verstand übersteigt, mein Herz und meinen Geist behüten durch Christus Jesus unsern Herrn.

Möge mein Geist offen sein dem Höheren:
Möge mein Herz das Zentrum sein des Lichtes:
Möge mein Leib der Tempel sein des ROSENKREUZES:

Ex Deo Nascimur In Jesu Morimur Per Spiritum Sanctum Reviviscimus.“ (Aus Gott werden wir geboren – In Jesu sterben wir – Durch den Heiligen Geist werden wir wieder lebendig.)[2]

„Wozu das alles?“, so wird der denkende Mensch sich fragen. Wir glauben hier zunächst, ohne Widerspruch befürchten zu müssen, sagen zu dürfen, dass kein moderner Mensch den Sinn der Mysterien und des Argonautenzuges so tief erfasst hat als Aleister Crowley. Und das deshalb, weil in diesem „Magus“ die Kräfte und Hintergründe der kultischen Mythologie lebendig waren wie in keinem modernen Zeitgenossen. Er verstand die Bedeutung der antiken Mysterien für Religion und Philosophie. Für ihn war das Symbol noch ein magisches Kraftzentrum, ein „tabuiertes Kultobjekt“ (Terminus von Höfler). Nur dadurch, dass sich der Myste letztendlich in den Mysteriengott verwandelt und die *Odinsweihe* an sich vollzieht, ist die Selbst-Initiation effektiv realisiert. Odin heißt der *Eine*.

Wenn Crowley sich nach Beendigung der Argonautenfahrt wiederum nach Kolchis zurückbegibt, um sich selbst an den Baum zu hängen, an dem einst das Vlies hing, um sich kreuzigen zu lassen, so ist das der erhabene Abschluss durch die Odinsweihe, wie sie in den Eddastrophen der Havamal vorgebildet ist, wo Odin ohne Speise und Trank neun Tage und Nächte am windigen Baum hängt, um der Runen teilhaftig zu werden:

2 Aleister Crowley stand damals in seinem 26. Lebensjahr.

„Ich weiß, wie ich hing am windkalten Baum
neun eisige Nächte,
Vom Geere verwundet, dem Odin geweiht:
Ich selber geweiht mir selber
Am mächtigen Baum, der dem Menschen verbirgt,
wo er den Wurzeln entwachsen.
Sie boten mir weder Brot noch Wein,
da neigt' ich mich suchend hernieder,
Erkannte die Runen, nahm klagend sie auf,
bis dass ich vom Baume herabsank.
Begann nun zu werden und weise zu sein,
zu wachsen und wohl mich zu fühlen.
Am Worte entwickelte Wort sich um Wort
und Werk sich am Werke zu Werken:
Nun weiß ich die Sprüche wie kein fürstlich Weib,
und keines der Menschenkinder.
Und sind diese Sprüche dir Menschensohn auch
auf lang hinaus unerlernbar:
faß sie, erfährst du sie,
nutz sie, vernimmst du sie,
heil dir, behieltst du sie!"

So lauten „Odins Verse" in der Übertragung von Rudolf John Gorsleben: *Die Edda*, Gesamt-Ausgabe vom Hase & Koehler Verlag, Leipzig. 6. Auflage, 1936, S. 139. (Im Text steht Wodan, wofür wir das identische Odin gesetzt haben.)

Mit seiner Hängeweihe ist Crowley ganz in dem Glauben der alten Mysterienkulte, dass nämlich der erste aller Mysten der Mysteriengott selber gewesen sei, sowie umgekehrt im Augenblick der Weihe der Myste sich in den Mysteriengott verwandelt. Es handelt sich um eine magische Selbstweihe, um eine Initiation durch Hängen (vgl. Höfler, S. 232 f, sowie Reitzenstein, *Die*

Hellenistischen Mysterienreligionen, 1927, S. 42 ff). Es muss unsere Bewunderung erregen, wie tief Crowley das Geheimnis der magischen Selbstweihe durch Hängung erkannt und realisiert hat. Von einer physischen Tötung ist dabei nur metaphorisch geredet, denn es handelt sich um die magisch-metaphysische Total-Identifikation mit dem Mysteriengott, die der „Schatz der Unsterblichkeit“ ist.

Wie kommt nun Crowley dazu, seine eigene Argonautenfahrt mit der Selbsthängung zu krönen, ein Zug, der der mythologischen Fahrt selbst fremd ist? Hier dürfen wir annehmen, dass die Karte 12 des Tarot „Der Gehängte“ die Anregung gegeben hat. Ja, noch mehr, die Geldstücke, die aus den Säcken unter den Achseln des Gehängten auf die Erde herunterfallen, was können sie anderes sein als der „Schatz der Unsterblichkeit“, der der Gewinn dieser geheimnisvollen Selbst-Initiation ist?

Die magische Vollendung des Naropa

Mahasiddha Naropa (1016–1100), Rollbild aus dem 19. Jahrhundert. Künstler unbekannt, Rubin Museum of Art, New York. Quelle gemeinfrei via Wikimedia Commons: https://hmn.wiki/de/Naropa#wiki-2.

Die magische Vollendung des Naropa[1]

Eine tibetanische Erlösungslehre

Unter dem Titel *Die Legenden des NA.Ro.Pa., des Hauptvertreters des Nekromanten- und Hexentums*, wurde von Albert Grünwedel, dem verstorbenen verdienstvollen Tibetologen, ein seltsames Werk veröffentlicht, das nach der weiteren Angabe auf dem Titelblatt von Grünwedel „nach einer alten tibetanischen Handschrift als Beweis für die Beeinflussung des nördlichen Buddhismus durch die Geheimlehre der Manichäer" eigens übersetzt und bearbeitet worden ist.[2]

Wenn ich es unternehme, dieses außergewöhnlich schwierige Werk ausführlich zu analysieren und zu interpretieren, so sehe ich mich dazu aus verschiedenen Beweggründen veranlasst, von denen jeder einzelne triftig genug erscheint, vor keinerlei Schwierigkeiten zurückzuschrecken. Wenn die Schwierigkeiten, die sich der intellektuellen Erfassung des Werkes entgegenstellen, symbolisch die ungeheure Schwierigkeit der Aufgabe ahnen lassen, der sich der Held unterzieht, so dürfte die Tatsache, dass der Held sein Ziel erreicht, als gutes Vorzeichen dafür angesehen werden, dass auch eine Beschäftigung mit der „Erlösungsgeschichte des vollendeten Meisters Naropa" für die Erkenntnis des Wesens des religiösen Genies, wie des unbekannten menschlichen Wesens überhaupt, nicht unfruchtbar sein wird.

Erlösungsgeschichte des vollendeten Meisters Naropa – so heißt nach dem Übersetzer der wirkliche Titel des Werkes. Wie reimt sich damit die befremdliche Tatsache zusammen, dass

1 Diese Arbeit ist aus dem noch unveröffentlichten Werk *Magiosophie, des Menschen Geheimnis* entnommen.

2 Erschienen in Leipzig 1933 bei O. Harrassowitz. Enthält eine Übersetzung nebst Originalzitat.

Grünwedel seiner „Übersetzung“ einen anderen Titel verleiht, in welchem er den Helden Naropa mit dem Charakter „des Hauptvertreters des Nekromanten- und Hexentums“ zu belehnen geruht. Ist es schon seltsam, dass der Übersetzer einen der populärsten Heiligen Tibets nicht schnell genug, wie es den Anschein hat diffamieren kann, so stößt der Leser der Einleitung sogleich auf eine solche Atmosphäre der Gereiztheit, ja des Hasses gegen den ganzen Geist des Buches und seinen Helden, dass man sich unwillkürlich fragen muss, warum Grünwedel das „schlimme Buch“ überhaupt veröffentlicht hat.

Da ein Urteil nach der Logik zunächst immer ein Urteil über den Urteilenden ist, so wird man die Lösung dieses Rätsels in der Psychologie des Übersetzers zu suchen haben. In der Tat wurde Geheimrat Albert Grünwedel nach der Veröffentlichung seines Buches *Tusca* im Jahre 1922 als geisteskrank in den Ruhestand versetzt.

Schon in diesem Buche (S. 199) scheint ihm der Gedanke aufzusteigen, seine phantastischen Kombinationen könnten vom Wahnsinn eingegeben sein, wenn er unvermittelt abwehrend ausruft: „Fatui isti delirant, non ego“. Die völlige Ablehnung seines Lebenswerkes und seiner Person stachelte seitdem den unglücklichen Gelehrten unaufhörlich an, durch neues Material die Fachwelt von der Richtigkeit seiner Thesen zu überzeugen und sich durch Ausspielen von womöglich noch stärkeren Trümpfen Anerkennung zu erzwingen.

Die Herausgabe des von ihm in früherer Zeit übersetzten Naropa-Textes stellt einen Versuch in dieser Richtung dar. Daraus also erklärt es sich, dass, wenn auch die Übersetzung selbst in der Hauptsache dem Original philologisch gerecht zu werden scheint, die Einleitung und der Kommentar es sich gefallen lassen müssen, als Tummelplatz der krankhaften Phantasie und ihrer „idée fixe“ des Übersetzers missbraucht zu werden.

Die „idée fixe“, von der Grünwedel besessen ist und deren Projektion das Buch *Tusca* ist, heißt „satanische Sexualmagie“. Anhand von rätselhaften Inschriften, die niemand zu entziffern vermag, da die etruskische Sprache allen Deutungsversuchen widerstanden hat, will der gelehrte Orientalist den Nachweis dafür erbringen, dass die alten Etrusker den furchtbaren Praktiken einer sogenannten Sexualmagie ergeben gewesen seien. Man müsste nun über den geradezu satanischen Scharfsinn staunen, mit dem Grünwedel sich bei seinem Geschäft eine passende „etruskische“ Sprache erfindet, wüsste man nicht, wessen eine „idée fixe“ in einem mit umfassender Gelehrsamkeit erfüllten Kopf fähig ist. Im Gegensatz zum „gesunden Menschenverstand“ liegt der Wahnsinn der „idée fixe“ darin, dass Letztere nicht einsehen kann, dass ihre Arbeit eine nichtige Spielerei ist, weil ihr Verfahren bei Annahme einer andern „idée fixe“ für die Logik eines Geisteskranken ebenfalls eine zureichende Lösung gestattet.

So musste denn die Fachwissenschaft das Buch als ein Dokument pathologischer Philologie auf sich beruhen lassen. Wenn wir es hier erwähnen, so deshalb, weil derselbe Grünwedel zehn Jahre später die „Legenden des Naropa“ in der ausgesprochenen Absicht veröffentlicht hat, seinen „satanistisch-sexualmagischen“ Verfolgungswahn nunmehr auf die Manichäer zu projizieren, als deren „Geheimlehre“ sich nach ihm der sogenannte nördliche Buddhismus entpuppt, wie er in dem tibetanischen Text des Naropa auftritt.

Unter diesen Umständen muss es als ein Glück angesehen werden, dass Grünwedel – anders als bei *Tusca* – als hervorragender Orientalist und Kenner des Tibetanischen den Text des Naropa als solchen respektieren und, wie mir scheint, von einigen Einzelheiten abgesehen, zuverlässig wiedergeben konnte. Er beschränkte sich darauf, die Fortsetzung der Orgien seiner

Phantasie in die Interpretation zu verlegen. Bei den umfassenden Fachkenntnissen Grünwedels ist aber auch seine Interpretation überall dort wertvoll und nützlich, wo seine beklagenswerte Wahnidee aus dem Spiele bleibt.

Wie die Dinge liegen, müssen wir dem verstorbenen Gelehrten trotz alledem für die Übersetzung der *Erlösungsgeschichte des vollendeten Meisters Naropa* Dank wissen. Macht doch gerade das, wofür Grünwedel völlig blind war, weil es ihm – ganz abgesehen von seiner Erkrankung – an dem hier unerlässlichen philosophischen Auge und einem psychologischen Blick für das Geheimnis der transzendentalen Untergründe der menschlichen Seele mangelte, den nicht hoch genug anzuschlagenden Wert dieses Buches für die Erkenntnis des unbekannten Wesens Mensch aus: Hier haben wir eine klassische Fundgrube vor uns für das, was wir als Magische Entwicklung und Autorealisation bezeichnen. Es ist die Entwicklungsgeschichte eines „Meisters des Tempels", der den Tempel seines Ich niederreißt, um ihn als unzerstörbares Selbst für die Ewigkeit wieder aufzubauen.

Der Wert des Buches als solcher wird auch in den uns zu Gesicht gekommenen Besprechungen nachdrücklich hervorgehoben. So sagt Dr. Fr. Spiegelberg in einem längeren Aufsatz in der *Deutschen Allgemeinen Zeitung* (Nr. 484, 15. Oktober 1936):

> „Dieses Buch ist viel mehr wert, als sein Übersetzer und Verfasser meint" ... Es sei ‚in doppelter Hinsicht bemerkenswert auch für ein breiteres, für mythengeschichtliche und psychologische Forschungen interessiertes Publikum. Einmal deswegen, weil es ein wahres Bergwerk voll der buntesten Schätze an religionsgeschichtlichem und traumhaft-mythischem Material ist, die nur darauf warten, in eindringender Deutungsarbeit gehoben zu werden, und die dadurch sogar noch besonders vielversprechend sind, dass sie uns nur in ei-

nem rohen, fast chaotischen Urzustand geboten werden. Es fehlt bisher jeder Versuch, den Sinn des Textes zu erschließen'."

Sehr treffend beurteilt Spiegelberg die ganze Art, wie Grünwedel bei der Deutung mit seinen Texten umgeht. Er mache nämlich die Texte „zu dem, als was er sie dann schmäht, erst durch die Art seines Vorgehens, nämlich durch die Vermischung der behandelten Rituale, die so gar nicht zu Ende erforscht und verstanden sind"… „Ein radikales Klärungs-Vorgehen" sei „gerade der rechte Weg, um die verdächtigten und mißdeuteten Texte zu entdämonisieren".

Was indessen nach unserer Auffassung der *Erlösungsgeschichte des vollendeten Meisters Naropa* ihren, wie uns dünkt, einzigartigen Wert verleiht, ist der Umstand, dass hier ein sogenannter Erlösungsgang des „direkten Pfades" mit einer Konsequenz durchgeführt wird, die alle Züge und Phasen der Katharsis in sich vereinigt, die wir sonst in den Lebensbeschreibungen der Erlöser, Heiligen, Heroen, Mystiker und großen Religiösen mehr oder weniger nur vereinzelt und unvollständig antreffen. Wenn wir hier einen solchen Erlösungsgang auch Katharsis, das heißt Reinigung nennen, so ist hier eine magisch-metaphysische Katharsis im Sinne der antiken Tradition gemeint. Die Verwendung dieses Ausdrucks in der Psychoanalyse zu rein psychologischem Behuf beruht, wenigstens im Sinne ihres modernen Neuentdeckers, auf einem krassen Missverständnis, vor dem wir im Voraus warnen müssen. Eine echte Tiefenpsychologie dagegen, wie sie etwa C. G. Jung anstrebt, wird erst an einer Hagiographie wie der des Naropa ihr wahres Thema verstehen und abgrenzen lernen.

Ehe ich zur Darstellung dieser Hagiografie übergehen kann, macht die erwähnte Einstellung des Übersetzers seiner Aufgabe gegenüber noch einige Bemerkungen nötig, die der grundsätzlichen Richtigstellung gewisser Einseitigkeiten der Terminologie Grünwedels dienen sollen. Eine Entstellung dieser Art ist die bereits erwähnte Bezeichnung des Helden seines Buches als Nekromant und Hexenmeister. Dies ist ein prinzipieller Zug der Grünwedelschen Übersetzungstaktik, wohlgemerkt der Methode eines Wahnsinns, Götter, Genien und Heilige der alten heidnischen Völker als Teufel, Dämonen und Gaukler zu deklassieren. Ein Wort, wie *dakini*, das „Fee“ bedeutet, heißt bei ihm regelmäßig „Hexe“. Sein Fanatismus ist so konsequent, dass er das Wort *prajnadakini* (Göttin der Erkenntnis) mit „Hexe der Erkenntnis“ wiedergibt! *Tantra*, das „Magie“ im Sinne von erhabener Erkenntnis bedeutet, heißt ihm stets „Zauber“; ebenso „Yoga“. In der Einleitung spricht er von Padmasambhava und Naropa als Gauklern.

In einer wichtigen Korrespondenz, die ich zur Aufklärung dieser und anderer Fragen mit Geheimrat Grünwedel kurz vor seinem Tode führte, hätte ich gerne gewusst, ob diese Konsequenz auch so weit gehen würde, etwa eine Schrift wie Ciceros *De Natura Deorum* mit „Über die Natur der Teufel“ zu übersetzen. *Grünwedel* bezeichnet die seelischen Erlebnisse Naropas als „Delirien“. Da diese „Delirien“ teilweise eine interessante Parallele zu den Versuchungen Christi in der Wüste bilden, so wünschte ich zu wissen, ob Grünwedel die Versuchungen Christi auch als Delirien erkenne. Ich bin dem verstorbenen Gelehrten, der – was mir unbekannt war –, damals bereits schwer krank war und selbst nicht schreiben konnte, für seine überaus entgegenkommende Beantwortung meiner Fragen zu Dank verpflichtet, aber auf diese beiden heiklen Fragen ging er mit keinem Worte ein.

Dies möge zur allgemeinen Orientierung genügen. Wir werden diese und andere Probleme teils in kommentierenden Anmerkungen zu unserer Inhaltsanalyse, teils in einem der Deutung und Würdigung besonders gewidmeten Schlusskapitel noch im Einzelnen zu behandeln haben.

Der geschichtliche Held dieser Hagiografie soll im Jahre 924 geboren und einhundertfünfzehnjährig im Jahre 1039 nach Christus gestorben sein. Er selbst war der Schüler des Tilopa und wurde der Lehrer des Marpa, des Initiators von Tibets größtem Dichter Milarepa. Naropa wurde in Tibet schon früh als Heiliger und Held verehrt und wird noch heute als unerreichtes Vorbild für den absoluten Gehorsam gegenüber seinem Lehrer gefeiert.

Unser Text beginnt mit einer proömiumartigen Lobpreisung des „in Hand, Mund und Herz über Gut und Bös erhabenen" ehrwürdigen Naropa.[3]

Ein frommes Königspaar hatte eine Tochter, aber keinen Sohn. Es machte viele fromme Schenkungen und Bittgebete. Da senkte sich Naropa, „hervorgetreten aus der Sphäre eines lichtstrahlenden Elementes (dhatu)" in den Mutterleib ein (S. 37 ff). Als Jüngling nun zeigt sich der Prinz mit „Klarsehen" begabt, sodass er viele seiner Existenzformen in allen drei Zeiten, auch der Vergangenheit und Zukunft, erzählen kann.[4] (40) Nach Überwindung des anfänglichen Widerstrebens der Eltern geht der Königssohn nach Kaschmir, um Religion zu studieren. Er wird ein Gelehrter und kehrt nach dreijähriger Abwesenheit ins Vater-

3 „Hand, Mund und Herz", das heißt Handeln, Sprechen und Denken. Der Sinn des „jenseits von Gut und Bös" ist eine der letzten Erkenntnisse, die der Lehrer dem Schüler vermittelt.

4 Die hier mit *Klarsehen* bezeichnete Erinnerung an vergangene Existenzformen wird in der Magie das „magische Gedächtnis" genannt. Hier tritt auch noch Vorherwissen um die zukünftigen Inkarnationen hinzu. – Die magische Weltanschauung, die uns hier und weiterhin entgegentritt, beruht auf einer bestimmten metaphysischen Haltung und kann nur allmählich verstanden werden. Mit „Zauberei" im vulgären Sinne hat dies nichts zu tun.

haus zurück. Der Sohn möchte nun Mönch werden, aber der Vater verlangt, dass er heirate. Naro will jedoch nur ein Eheleben führen, das ihn nicht von der Religion scheidet (47). Ein Rat des Königs sucht eine passende Braut, die Naropas Gattin wird. Sie wird aber auch seine Schülerin und gläubig.[5] Da wird er der Ehe „mit Aussicht auf den Kreislauf"[6] müde, er will Mönch werden und fragt seine Frau, ob sie ebenfalls der Religion dienen wolle (53). Die Frau willigt ein und verlässt mit ihm als Genossin den Palast. Naropa wird zum Mönch geweiht, und im Tempelkloster zu Nalanda heißt er bald „der beste Mann des Erkennens" (55). Als Abt von Nalanda verbreitet er zunächst die orthodoxe Religion, das heißt den Buddhismus. Im Verfolg seiner späteren Studien beschäftigt er sich eingehender mit der Vajrayana-Lehre[7], und „im Begehren nach dem cintamani"[8] wendet er eines Tages

5 Naropa war aus Indien gebürtig. Seine Inkarnation in diesem Zeitpunkt wird damit begründet, dass er: 1. allgemein „die dazu Fähigen", 2. im Besonderen „das Nordland, das Eisland Tibet" zu bekehren beabsichtigt. So gibt er zunächst seiner Gattin Unterricht im Mahayana, dem Lehrsystem des nördlichen Buddhismus. Im Gegensatz zu der älteren Hinayana-Lehre des südlichen Buddhismus, dessen Jünger sich auf die eigene Erlösung als Ziel beschränken, verlangt die Mahayana-Lehre von ihren Anhängern, ihre Kräfte der Erlösung der ganzen Welt zu weihen.

6 Samsara, der Kreislauf der Wiedergeburten. – Der Religion dienen = Mönch werden.

7 Vajrayana = Diamantfahrzeug oder Fahrzeug des Donnerkeils. Vajra will dasjenige bezeichnen, was als absolute Substanz so unzerstörbar ist wie Diamant und zugleich so mächtig und augenblicklich wirkend wie der Blitz, denn *vajra* bedeutet zugleich „Blitz". Das, was im Folgenden Naropa nach Ansicht des alten Weibes nicht versteht, ist die Erkenntnis von seiner Identität mit dieser absoluten Substanz oder Urkraft vajra.

8 Cintamani (Sanskrit) = das kostbare Juwel des Wunschedelsteins. Nach Grünwedel (S. 236) „ein sich selbst stets vermehrender Edelstein, der alle Wünsche gewährt". Gemeint ist der Stein der Weisen (Lapis philosophorum), der mit einem „Stein" so wenig zu tun hat wie der Vajra mit einem physischen Donnerkeil. Tibetanisch *yid bžin nor bu.*

beim Studium in einem Buche der Sonne mit voller Absicht den Rücken zu. Da stellte sich über dem Buche ein furchtbarer Schatten ein.[9] Beim Umwenden erblickt er ein altes Weib, das „sämtliche 37 Zeichen der Hässlichkeit“ an sich trägt.[10] Dieses Weib fragt den Gelehrten, ob er bloß die Worte verstehe, die er da lese, oder auch den Sinn. Als Naro entgegnet: „Die Worte verstehe ich“, freut sich die Alte unbändig. Als aber Naropa dann hinzusetzt: „Von heute ab verstehe ich auch den Sinn“, da wird das Weib traurig, weil Naropa eine Unwahrheit gesprochen hat. Auf seine Frage, worin denn das Verstehen des Sinnes besteht, erwidert die Alte lakonisch: „Den Sinn kennt mein Bruder.“ Auf eine weitere Frage fügt sie hinzu, Naro werde erhalten, um was er bitte, aber er müsse die „Bannung“ selbst vollbringen (60 f).[11]

Auf Grund dieses Gesichts des alten Weibes mit den 37 Zeichen der Hässlichkeit versteht Naropa, dass damit äußerlich 37 Strafen des Kreislaufs (samsara) gemeint sind, das heißt er überschaut 37 Geburten auf einmal. In einer Litanei apostrophiert er den Kreislauf und seine Schrecken 37-mal und schließt mit den Worten: „Wenn ich das überlege, warum suche ich nicht den Lehrer?“ Damit wird die bedeutsame Erscheinung des alten Weibes für Naropa der Anlass zum Suchen des Lehrers, was einen völligen Bruch mit seinem bisherigen Leben zur Folge hat. Er

9 Auch Goethes *Faust*, mit dem Naropa gewisse Züge gemeinsam hat, wendet der Sonne entschlossen den Rücken zu: „So bleibe denn die Sonne mir im Rücken!“ Während aber Goethes Held damit eine Resignation verbindet, drückt Naropa damit seinen festen Entschluss zur magischen Autarkie aus: er will eine Sonne des *Selbsterkennens* werden. – Der furchtbare Schatten, der sogleich auf das Buch fällt, ist die großartige Reaktion auf den prometheischen Entschluss, eine symbolische Vorschau der gefahrvollen Dunkelheit, die er heraufbeschwört.

10 Die 37 Zeichen der Hässlichkeit sind 37 Sünden. Das Nähere darüber und über die 37 Sünden in der *Pistis Sophia* wird in dem Deutungsabschnitt gesagt.

11 Der Bruder ist Tilopa, der spätere Lehrer.

legt sein Amt als Abt von Nalanda nieder und zieht als Bettelmönch davon. Er hört eine Stimme vom Himmel, die spricht:[12] „Gestützt auf Hevajra, werde ich Buddha als Lehrer suchen" (67). Naro antwortet auf diese Stimme. Er will den Tilopa als Lehrer suchen. Sein Schutzgott prophezeit ihm, dass Tilopa der richtige Lehrer sei, aber „ohne Leiden, die aus Selbstpeinigung entstehen", könne er ihn nicht finden.[13]

><

Nun beginnt für Naropa eine lange Reihe der Prüfungen, die er auf seiner Suche nach dem Lehrer durchzumachen hat. Zuerst begegnet ihm eine *Aussätzige,* vor der er sich ekelt. Die Bedeutung dieser Prüfung ist die, dass im Urbilde des Seins alle Unterschiede schwinden müssen und alle Skrupel zu überwinden sind. Diese Lehre empfängt er von der Aussätzigen, die plötzlich in einer regenbogenfarbenen Scheibe am Himmel steht. Bei dieser Erkenntnis bricht Naro zusammen. Als er wieder zu sich kommt, taucht ihm der Gedanke auf, die Aussätzige könnte der gesuchte Lehrer Tilopa gewesen sein. – Beim Weiterschreiten trifft er auf eine kranke, von Würmern zerfressene *Hündin.* Auch diese spricht aus einer gleichen Himmelserscheinung zu ihm, um ihm zu zeigen, dass er kein Mitleid hat. Wieder bricht Naropa zusammen, vermutet in der Erscheinung den Lehrer und stößt dann auf einen *Mann, der Schädel zerschlägt.* Dieser fordert ihn auf, mit ihm die Schädel von Vater und Mutter zu zerschlagen, aber

12 Von nun an ertönen immer wieder Stimmen vom Himmel, die ihm entscheidende Erkenntnis geben. Sein Entschluss zur Autarkie des Erkennens ruft bei ihm den mystischen Selbstverkehr des Geistes hervor, wie ihn Novalis beim Genie beschrieben hat. – „Hevajra" ist der Name eines mystischen Buddhas.

13 Tibetanisch „dka" = quälende Askese. Der Ausdruck „Selbstpeinigung" bei Grünwedel trifft nicht das Gemeinte. Man könnte „Messianisches Leiden" dafür setzen.

Naro meint, als ehemaliger Königssohn, Mönch und Gelehrter könne er solche Arbeit nicht mitmachen. Er müsse beim Suchen des Lehrers an der Religion festhalten. Auch dieser Mann geht in eine Lichtscheibe über und verkündet ihm, Naropa werde solange den Lehrer nicht finden, als er nicht mit dem „Hammer der Leere, der das Ich fehlt“, den egoistischen Schädel zerschlage.[14] Wieder völliger Zusammenbruch Naropas, dem zu spät erst der Gedanke dämmert, dass dies wohl eine magische Verwandlung des Lehrers war (70 ff).

Noch manche Prüfungen und Abenteuer dieser Art besteht unser Held, darunter schreckliche und rohe. Jedes einzelne dieser Erlebnisse ist eine verpasste Gelegenheit, denn immer zu spät kommt ihm der Gedanke, dass sich ihm in dem betreffenden Erlebnis der Lehrer offenbart habe. Im entscheidenden Augenblick wird der Durchbruch dieser Erkenntnis immer durch die persönlichen Skrupel und Schwächen gehemmt. Zum Beispiel, als ihn ein Jäger einlädt, mit auf die *Hirschjagd* zu gehen, hält Naro es für unschicklich. Da wird er dahin belehrt, dass es sich darum handle, das Wild der persönlichen Neigungen zu erlegen (77). –

14 Der Begriff der „Leere“ (shunyata), von dem im Text gesagt wird, dass er über menschliches Denken hinausgeht, ist charakteristisch für das Mahayana-System. Nirvana, der Hauptbegriff des Hinayana-Buddhismus, bedeutet einen Bewusstseinszustand, in welchem die Erfahrung des Samsara, der Welt des Werdens und der Erscheinung aufgehoben ist. Für den Mahayana-Standpunkt bilden Nirvana – Samsara ein Gegensatzpaar, dessen beide Vorstellungen koexistierende Aspekte eines hohen Bewusstseinszustandes, Leere genannt, sind. Shunyata-Leere ist das Gefühl einer absoluten inneren Freiheit, einer Tiefe, die alles enthalten und wollen kann, ohne selbst von etwas alteriert oder bewegt zu werden. Sie ist Basis und Substanz eines jeden Dinges, das Nichts und das All. Sie ist identisch mit vajra, bei dem der Akzent auf der Unzerstörbarkeit und Blitzartigkeit liegt. Hauer (*Yoga als Heilweg*, Seite 129 f.) spricht von der „ungeheuer tiefsinnigen Paradoxie“ dieses Shunyata-Erlebnisses, das heißt des Erlebens der Welt als samsara und nirvana zugleich.

Schließlich trifft er einen *Mann, der Vater und Mutter zu töten* im Begriff steht und ihn auffordert, ihm dabei zu helfen, da sie ihm nur Schaden bereitet hätten. Als Naropa ablehnt, spricht der Fremde: „Wenn du, was von Vater und Mutter kommt, die die Neigungen sind, also die drei Gifte Gier, Hass, Betörung, nicht tötest, ist dir der Lehrer schwer“ (80). Wieder ein andermal soll er eine *Laus* ins Feuer werfen, aber als Mönch will Naro es nicht tun. Aber es sollte dadurch die Laus der fortfressenden Skrupelsucht, die seine Natur war, getötet werden, Skrupelsucht, Leidenschaft und Jammer und damit schlechte Wiedergeburten beseitigt werden (82). –

Wiederum sah er ein *Schauspiel von vielen Menschen,* die aber immer nur derselbe Mann waren, von denen der eine sah, ohne Augen, der andere hörte ohne Ohren usw.[15] Dieses Schauspiel soll ihm bedeuten, dass er den Lehrer „aus dem Herzen heraus“ (also nicht mit den Sinnen) zu suchen habe (83). Er wird dann, wenn die Wiedergeburt zu Ende ist, ohne Augen sehen, ohne Ohren hören usw. (84). „Aus dem Herzen heraus, mit dem Glauben, der Ergebenheit und der Frömmigkeit“ muss er das Geheimnis schaffen. Er muss zur Erkenntnis kommen, dass alles, was zur Formenwelt gehört, wesenlos ist, er muss begierdelos werden und ohne Furcht vor der Durchwanderung des Kreislaufs und im Sehnen, als Frucht Frieden zu erlangen, den Zusammenhang durchschlagen. Da alle Formen des einen Auges nur *ein* Lebenssaft sind, so bleibt der Sinn der Mahamudra,[16] des

15 Der Sinn dieses Schauspiels, das an neutestamentliche Vorstellungen anklingt, ist einwandfrei dieser: Alle diejenigen, die Gestalten sehen und so weiter, sind in Wirklichkeit *geistig* blind. Wer dagegen *geistig* sehend geworden ist, der sieht – ohne Angst –, die Wesenlosigkeit der ganzen Formenwelt. Vergleiche auch den Abschnitt über die Deutung.

16 Mahamudra: von Grünwedel stets als „das große Siegel“ wiedergegeben. Walter Evans-Wentz übersetzt „großes Symbol“ oder „große Haltung“. *Mudra* heißt Haltung. Es handelt sich um dasselbe, was man im

großen Siegels, der: wie der Blinde Gestalten nicht mehr sehen kann, ist das Sehen eines Zweckes der Geschöpfe beseitigt, wie der Stumme nicht mehr sprechen kann, ist alle Rede abgetan und so weiter. Unser Held glaubt, in dem ganzen Schauspiel magische Erscheinungen des Tilopa zu erkennen, und bittet diesen, ihm folgen zu dürfen. Da jedoch verschwindet das Schauspiel. Betrübt darüber, dass ihm das Glück, den Lehrer zu finden, in dieser Existenz versagt scheint, will Naropa, der den Grund dafür in seiner körperlichen Altersschwäche sieht, mit dem Ausruf: „Ich habe gesucht, aber nicht gefunden, o beschämende Nichtigkeit!“ sich das Leben nehmen, um das Suchen in einem andern Dasein fortzusetzen. In dem Augenblick, wo er das Messer ansetzt, ertönt vom Himmel eine Stimme:

Der Lehrer gefunden! Erwache! Wie könntest du einen Lehrer finden, der mordet; der von dir gesuchte Sünder bin ich das nicht?“[17] (86). Hier gesteht nun Tilopa dem Naropa, dass er

Abendlande als „Opus Magnum“ oder „Arcanum Magnum“ (das große Werk beziehungsweise Geheimnis) bezeichnet, denn der Sinn dieser alchemistischen Symbole ist magisch. Das entsprechende Wort im Tibetanischen „chag-chen“ deutet Grünwedel im Glossar (S. 202 s. v.) *phag* als „Zauberaktion zur Gewinnung einer Dakini“, wobei es statt Zauberaktion heißen muss: „magische Haltung“. Nach Grünwedel selbst (238) bedeutet „prajñadakini“ eine dakini, welche ein Magier gewonnen hat, der das „Erkennen“ voll durchgeführt hat und so den Namen eines Geistessohnes verdient. Somit ist prajñadakini die Göttin des vollendeten magischen Erkennens. Ausdrücke wie „Göttin“, „Sohn“ und viele andere sind also rein symbolisch zu verstehen. So sagt die beste Kennerin Tibets, Alexandra David-Neel: „Die Besiegung einer dakini ist das Sinnbild für die Eroberung der Wahrheit und für den seelischen Vorgang bei der geistigen Entwicklung (*Heilige und Hexer*, S. 173).

17 Die Szene des versuchten Selbstmordes, weil ihm der Lehrer nicht zuteil wird, zeigt den Naropa ganz in Faustischer Haltung. Die Parallele ist äußerst interessant und beweist die übereinstimmende Reaktion großer Charaktere unter gleichen Lebenslagen.

selbst es gewesen ist, der in all den Erscheinungen, von der Aussätzigen angefangen, ihm wie sein Schatten gefolgt ist, und erklärt dann: „Leuchtend ohne Makel, bereit als würdiges Gefäß, erlange du das Juwel, das alle Wünsche erfüllt (cintamani), das den Zauber hat zum geheimnisvollen Schoß der Hexe“[18] (87).

Nunmehr bittet der Schüler Naropa seinen Lehrer mit magischem Kreis,[19] Ehrerbietigkeitsbezeugungen und Umwandlungen um Anleitung. Diese erhält er in Form von 13 Zeichen, deren Sinn der Schüler selber finden muss. Diese symbolischen Zeichen sollen ihm zeigen, was die „Segnung“ des Cintamani, des Steins der Weisen bedeutet.[20] Darunter befinden sich folgende: Tilopa gießt viele mit Wasser gefüllte Gefäße in eins, dieses eine aber füllt er wieder durch Umgießen in viele einzelne um. Lösung: die vielen Gefäße mit Wasser enthalten nur eine Flüssigkeit, aus der einen entstehen viele.[21] (92) Ferner wird ihm symbolisch gezeigt, dass „im Ich der Tropfen des Urkörpers (dharmakaya) ruht.“ (95) – Mit einer lebendigen Schlange knüpft der

18 Wie früher betont, gibt Grünwedel das Wort *dakini* einseitig mit Hexe wieder. Dem Sinne nach müsste es hier mit „Weltfrau“ = das zeugende Weltprinzip verdolmetscht werden, was Grünwedel sehr wohl wusste; denn in einem Briefe an mich bediente er sich selbst dieses Ausdrucks. Im Übrigen heißt *gsaṅ bai gnas* wörtlich „geheimer Ort“. Der Sinn ist also der, dass das Juwel Cintamani magische Macht der Erkenntnis hat über das Geheimnis des Weltprozesses und des Samsara.

19 Magischer Kreis (mandala), richtiger Meditationskreis genannt, ist die allgemeine Bezeichnung für ein Diagramm, welches dem Magier das Universum oder einen bestimmten Ausschnitt aus demselben versinnbildlicht. Es ist eine Art metaphysischer Atlas. „Das Vorbild des mandala ist dort oben“, sagt der Lehrer Marpa zu seinem Schüler Milarepa, indem er zum Himmel zeigt (*Vie de Milarepa*, S. 36, Paris 1925).

20 Von der „Übergabe der Eigenart des Lehrers und diesen Anleitungen“ heißt es, dass sie dem *Feuer* gleichen. Dazu vergleiche man das apokryphe Wort Christi: „Wer sich mir naht, der nähert sich dem Feuer“.

21 Grünwedel macht darauf aufmerksam, dass die Vorstellung des „Umgießens“ das manichäische μετγγίζεινα sei.

Lehrer eine Schlinge, aus der sich die Schlange herauszieht: So muss sich der Mensch selbst aus dem Kreislauf des Samsara lösen. – Tilopa macht das Zeichen eines Stummen: man soll über geistige Errungenschaften nicht sprechen.

Blind durch die Finsternis der Unwissenheit (avidya), fragt Naropa: Wie soll ich Blindgeborener schauen? Darauf Tilopa: „Schau mit der Methode, bei der es kein Sehen gibt, aus der Sphäre deines Wesens selbst, das man nicht sehen kann …“[22]

Als Naro die Seligkeit des Yoga preist, zu sehen, was die Wegreife bedeutet, macht ihn Tilopa darauf aufmerksam, dass die Leidenschaftlichkeit, mit der Naro den Lehrer suche, noch Erbsünde sei; er müsse zum helfenden Freunde schauen ohne Leidenschaft. Ist die Tatsache: „Ich selbst ist da“ entwickelt, so ist die Zaubermacht des Gefäßes erreicht (97).[23]

Naropa unterzieht sich nunmehr einer Reihe von Prüfungen (Ordale), die eine brutale, aber psychologisch wirksame Technik des blinden Gehorsams gegenüber dem Meister darstellen. In der ersten dieser Prüfungen springt Naro vom Dach eines Tempels herab, weil er glaubt, der Meister wolle das so. Als er nun zerschmettert am Boden liegt und zu sterben wähnt, fragt Tilopa in charakteristisch-ironischem Ton, der diesen Prüfungen gemeinsam ist: „Naropa, ist dir etwas zugestoßen?“ Wenn dann Naro ihm sein Missgeschick schildert, erklärt er ihm mit trocke-

22 Selten wird man den Sinn der magischen Methode der *Umkehrung,* der Autarkie, der aktiven Projektion statt passiver Rezeption so prägnant und klar ausgedrückt finden. Ohne zu sehen, das heißt ohne sinnlich-rezeptive Aufnahme, soll man „aus der Sphäre seines Wesens selbst“, durch den Akt einer intellektuellen Anschauung die Erkenntnis schaffen.

23 Die „Zaubermacht des *Gefäßes“* ist das Individuationsprinzip. Naropa ist noch voller Leidenschaftlichkeit und in der Ichsucht befangen, die von dem Augenblick an voll in Wirkung tritt, in dem sich der Mensch als ein „Ich“ statuiert. Das ist der Gipfel der Illusion, der Maya, der Zaubermacht des Gefäßes.

nen Worten, er, Naropa, sei wert, dass das Lehmgebilde der Körperlichkeit, die am Egoismus festhalte, zerschlagen werde. Dann stellt er ihn durch Streichen mit der Hand wieder her (100).

Nach jeder Prüfung gibt Tilopa zum Schluss die darin enthaltene Lehre und fordert jedesmal seinen Schüler auf – mit der stereotypen Formel –, auf den geheimnisvollen Schoß der Weltfrau zu schauen, der der Ursprung der gesamten Täuschung ist.[24] Alsdann wird Naropa der Titel „Held" in Aussicht gestellt.[25] Er erhält weiter die tiefe Belehrung, dass alles, was als Form erscheint und das Leere Lügen seien. „Was immer du für Wahrheit hältst, wird dich täuschen; wenn du beides, Wahrheit und Lüge für rein ansiehst, kommt die Erlösung ohne Quälerei (101).

Von andern Ordalen seien noch genannt: Naro springt auf Wunsch Tilopas ins Feuer (102); er raubt Speise für den Lehrer und wird von den Leuten furchtbar geschlagen (103 ff); lässt sich in einem Teich von Blutegeln aussaugen, wobei er zu zerfließen und zu frieren glaubt. Tilopa stellt ihn wieder her durch Salben mit der Hand und gibt ihm „Anleitungen mit Zutaten über eigenes Glühen durch das Feuer der Candika"[26] (105). Tilopa setzt

24 Wie schon erwähnt, heißt es wörtlich „der geheime *Ort*" der dakini. Wird das zeugende Weltprinzip als Weltfrau symbolisiert, so ist der Ausdruck „Schoß" für Ort symbolisch zulässig und treffend. In einem Briefe an mich spricht Grünwedel vom „Bauche" der Weltfrau. Den symbolischen Charakter dieser und anderer Wendungen hat Grünwedel nie begriffen.

25 „Held" (tibet. *dpa' bo*) ist der Titel des vollendeten Magiers. Die antiken Heroen gehören ursprünglich und im esoterischen Verstande in die Kategorie der *magischen* Helden, wie dies noch Schiller in dem Gedicht „Das Ideal und das Leben" empfunden haben muss. In dem italienischen Werke von *Della Riviera: Il mondo magico de gli Heroi* (Milano 1605, Neuausgabe von J. Evola, Bari 1932) wird betont, dass dem Naturmagus (Mago naturale) der Name *Heros* gebührt.

26 *Candika* ist tibet. *tummo*, meist mit „psychische Wärme", richtiger mit „magische Wärme" übersetzt. Die sogenannten Respa-Yogins verstehen es, solche Wärme spontan an ihrem Leibe zu erzeugen. Die Stelle heißt hier: „Blick auf den Spiegel des Geistes der innern Glut" (106).

ihm brennende Rohrlampen ins Fleisch und so weiter (107). Es handelt sich hier um den sogenannten Dipamkara-Buddha, das heißt den Lichtbringer-Buddha, dessen Bild aus den Turfan-Ausgrabungen wohl bekannt ist, aber auch von Rousselle wiederholt in China gefunden wurde. Der Erzabt Scheng-Kin erzählte Rousselle folgende interessante Legende darüber:

„Als einst dieser erste Buddha auf Erden sich entschloss, den Menschen die Wahrheit des Weltgesetzes zu verkünden, obwohl er bis dahin in 3000 Jahren keinen gefunden hatte, der die Wahrheit zu hören würdig gewesen wäre, stellte er seine Leuchte auf die Erde, und er selber entschwand. Aber dem Licht der Leuchte entschwebte plötzlich eine große Stadt. Die lagerte dann ruhig und riesig am Firmament. Die Menschen schauten, blieben stehen und staunten. Da brach plötzlich auf allen vier Seiten der Stadt Feuer aus, und ungeheure Flammen lohten empor. Ihre Hitze drohte, die Erde und alles endige Leben zu versengen. Da riefen die Menschen nach einem Buddha, der ihnen Hilfe brächte. Und Dipamkara sprang plötzlich von Flammen übersät, aus der brennenden Stadt hervor und setzte sich auf den Löwenthron, wie es einem Meister der Weisheit zukommt, und verkündete die heilige Wahrheit. Da verschwand die lodernde Stadt und die Menschen bekehrten sich." – „Die Stadt, aus der die Flammen des Wahnsinns schlagen, das ist unsere eigene Existenz, soweit sie den

Der Sinn ist ganz unmissverständlich: Erkenne das Wesen der wahren Wärme des Geistes, dann wirst du von Kälte nicht geplagt. Goethe sagt dasselbe in „Wanderers Sturmlied": „Wen du nicht verlässest Genius / Wirst im Schneegestöber / Wärmumhüllen." Und ebenda: „Weh! Weh! innre Wärme / Seelen Wärme / Mittelpunkt!" Grünwedel pervertiert die Stelle, indem er frei behauptet, candika bezeichne die „innre *Wut* bei Vertilgung der Ader der Wiedergeburten", obwohl doch Naropa dahin belehrt wurde, dass Leidenschaft das größte Hindernis der Erlösung ist!

Sinnen verhaftet ist, denn das Auge, das Ohr und alle Sinne brennen im Wahnsinn des Verhaftetseins und der Abhängigkeit von der Sinnenwelt, wie es Gautama Buddha in seiner ten Predigt gelehrt hat. Aber der Sprung aus der brennenden Stadt, aus dem wahnsinnigen Leben, das ist der Sprung in die Freiheit. Das ist der Entschluss zur Souveränität des Geistes im eigentlichen Sinn über das Schicksal, über sich selbst, über Abhängigkeit und Verstrickung, über Tod und Verwesung. Und nur so kann man das Unsterbliche in sich finden. Dann schmerzen die Flammen, mit denen der Körper übersät ist, nicht mehr, sondern werden zu Lichtern der Erleuchtung. Alle großen Erkenntnisse werden nicht erschaut – sie werden unter Schmerzen erlitten. Wer das erlitten hat, dem entriegeln sich die Tore des Lebens und der Zukunft zu seinem Heile, zum Heile seines Volkes und Staates und im Sinne des höchsten Weltgesetzes" (*Sinica*, XV, 3–6, S. 315 f). –

Der Körper des Dipamkara-Buddha ist in den Darstellungen mit 49 brennenden Öllämpchen übersät. Für alle diese Dinge hat der Philologe Grünwedel nicht einen Funken Verständnis gehabt.

In dieser Weise besteht Naropa noch zahlreiche Prüfungen, die für ihn äußerst hart und schmerzvoll sind. Wenn er dem Tilopa auf dessen spöttische Frage nach seinem Befinden sein Leid klagt, so erhält er von ihm stets eine Antwort *des* Sinnes, er, Naropa, sei wert, solches Ungemach zu leiden, da er noch an dem Egoismus der Körperlichkeit festhalte.[27]

Auf Befehl des Tilopa: Schaff eine Mudra her! tut Naropa dies und lebt mit einer Frau zusammen, „die, weil sehr gläubig,

27 Solange Naropa den „Sinn" noch nicht erfasst hat, ergeht es ihm ähnlich wie dem Helden des magischen Romans *Der goldene Esel* des Apuleius, der solange als Esel misshandelt und geschunden wird, bis er für die Einweihung in die Isis-Mysterien reif geworden ist.

das Siegel als Opfer ihrer zur mudra geeigneten Wiedergeburt zuließ". Das heißt, Naropa soll durch bewussten Geschlechtsverkehr mit einem dazu geeigneten Weibe zu der Erkenntnis gelangen, dass „Freisein vom Kreislauf (samsara) ohne Paarheit ist"[28] (114 f). Tilo lehrt ihn dabei „den geheimen Weg der Hexe (lies: Göttin), der das höchste ist im Vajrayana". Dann fordert er ihn auf, sich selbst zu bestrafen für seinen eines Mönches Verkehr mit einem Weibe. Naro gibt seinem Gliede, dem harten Vajra, die Schuld und schlägt mit einem Steine darauf.[29] Tilo heilt wiederum seine Schmerzen und sagt ihm, dass „der Lebenssaft gleich ist für Schmerz und Wohlbehagen". Der Missbrauch des Lebenssaftes bringt Lust und Schmerz zusammen mit sich, sie bilden ein Paar konträrer Gegensätze (116).

Es folgen dann Prüfungen, bei denen es sich um die furchtbare „Hingabe seines kostbaren Lebens in Körperlichkeit" handelt (117). So muss der Held einen magischen Kreis aufbauen, indem er sein eigenes Fleisch und Blut, seinen ganzen Leib dazu hergibt.[30] Nach dem Text soll Naropa durch dieses Opfer den Zwischenzustand des Bardo[31] erkennen (119). –

28 Ohne Paarheit, das heißt ohne das Gegensatzpaar wie Lust/Schmerz, Gut/Böse und so weiter. Nicht aber, wie Grünwedel möchte: ohne Geschlechtsverkehr, was sinnlos ist. Vergleiche dazu den Abschnitt über die Deutung sowie zu Seite 22: Erkennen ohne zwei. – Mudra hier in der Bedeutung „konsekrierte Frau".

29 Eine markante Parallele zu dem Wort von Christus: Wenn dich dein Auge ärgert, so reiße es aus.

30 Naropa hat es früher an Mitleid (karuna), einer der Haupttugenden eines Bodhisattva, fehlen lassen. Ein Bodhisattva muss bereit sein, Teile seines Körpers, sein Leben, für das Wohl der Menschheit herzugeben.

31 Bardo (tibet. = zwischen zwei) ist der Zustand der Seele nach dem Tode und vor ihrer neuen Inkarnation. Vergleiche *Bardo Thödol,* herausgegeben von Evans-Wentz. Deutsche Ausgabe: *Das Tibetanische Totenbuch.* Zürich 1935.

Ferner muss er einen Schädel mit übel riechender, abstoßender Materie füllen und diese ohne Widerwillen essen. Dadurch wird ihm die Materie als eine solche klar, die unrein ist ohne Segen, die aber alle acht Wohlgerüche besitzt, sowie sie gesegnet wird. –

Ebenso muss er ein scharfes Messer verzehren, das ihm im Munde schmilzt (123). Die Materie verliert ihre phänomenalen Eigenschaften für den Adepten, ihre Unreinheit muss in Reinheit verwandelt werden („wodurch, was unrein in Erscheinung trat, in Reines sich wandelt").[32] Tilopa erklärt dann den Naropa etwas ironisch für einen Wissenden, als dieser ohne Meditation aus dieser Übung der Umwandlung der Materie erkennt, dass die Erbsünde der wahre Grund für die Verunreinigung und den Kreislauf ist. „Du bist, wie es scheint, schon ein Wissender"[33].

So als Wissender wird nun Naropa aktiv und zieht aus, um den weißen Lotus zu preisen. Das bedeutet, dass er die Religion des Buddha lehrt. In dieser Zeit tötet er den rasenden Elefanten

32 Das Essen der unreinen Materie entspricht dem bhutashuddi-Ritus der indischen Esoterik. Es stellt die Reinigung der Elemente dar, wobei die niedrigeren, materielleren Elemente in die subtileren sublimiert werden, aus denen sie sich ursprünglich entwickelt haben.

33 Die geforderte Verwandlung der unreinen Materie ist die eine Seite der Methode zur Erlangung der magischen Kraft. Daneben wird als Zweites ein „Erkennen ohne Paarheit" gefordert (122). Dieses „Erkennen ohne Paarheit", wörtlich „Erkennen ohne Zwei", wird von Grünwedel, wie schon erwähnt, als Freisein vom Eheleben gedeutet! Dabei musste doch Naropa auf ausdrücklichen Befehl Tilopas eine Mudra nehmen und bekommt später, wie wir sehen werden, eine Königstochter zur Frau. Die Paarheit, die Zwei, von der hier die Rede ist, ist die beim gewöhnlichen Erkennen bestehende Spaltung in Subjekt und Objekt des Erkennens, an deren Stelle das magische Erkennen „ohne Zwei", das reine Selbsterkennen, treten soll. Dieses Erkennen ohne Paarheit wird später Naropas Schutzgeist. Statt „Paarheit" übersetzt Grünwedel stets „Paarung".

eines ihn angreifenden Königs durch „magischen Blick"[34], der die Heerscharen des Teufels (mara) bändigt, später lässt er auf den verwesenden Kadaver magischen Frost fallen und belebt das Tier wieder. Dadurch wurde der König gläubig und gab ihm seine Tochter zur Frau (mudra).

Naropa lebt nun mit seiner Frau als das Paar Yab Yum, das heißt als magischer Heros mit seiner Shakti. Sie gehen häufig zusammen auf die Gazellenjagd, obwohl das Töten in dem Lande gesetzlich verboten ist. Der Unwille darob ist groß, der König wird gedrängt, den Naropa wegzuschaffen, andernfalls wollen die orthodoxen Mönche und Gegner Naropas „wandern".

Da Naropa das Verbot des Königs nicht beachtet, sieht dieser sich gezwungen, zu seiner Tötung zu schreiten. Naropa wird an den Ort der Preislieder zu einem Essen eingeladen. Er sagt zu seiner Prinzessin-Shakti: „Es ist jetzt nötig, den Mittag vorzube-

34 Magischer Blick (vultus magicus): Dieser Begriff begegnet häufig in den Biografien der indischen und tibetanischen Magier. Grünwedel schweigt sich über die Bedeutung aus, was immer noch besser ist als seine üblichen entstellenden Deutungen magischer Begriffe. Der Sinn ist folgender: Da für den, dem es gelungen ist, die Einheit in sich selbst vollkommen herzustellen, jeder Gegensatz aufgehört hat, so hört auch der Kriegszustand (der sogenannte Heilige Krieg) auf, denn es gibt für einen solchen nur noch absolute Ordnung. Ihm kann fürderhin nichts mehr schaden, für ein solches Wesen gibt es weder äußere noch innere Feinde mehr (worauf auch in den alten Grimoires die „Vernichtung der Feinde" anspielt). Die im Inneren effektuierte Einheit ist zugleich auch im Äußeren oder vielmehr, es gibt weder innen noch außen mehr, da auch dies nur einer der Gegensätze ist, die von nun an vor seinem Blick erloschen sind. Dieser Blick ist nach der indischen Tradition der des dritten Auges von Shiva, das den „Sinn der Ewigkeit" darstellt und dessen effektiver Besitz wesentlich in der Wiederherstellung des „Urzustandes" eingeschlossen ist. Der „magische" Blick ist also der Blick des dritten Auges. Auch Milarepa betätigte den magischen Blick bei Gelegenheit einer sexuellen Vision; siehe Laufer, *Milarepa, Tibetische Texte* (S. 76). Hagen: Folkwang Verlag, 1922. Vergleiche R. Guénon, *Svmbolisme de la Croix*, S. 82.

reiten, Prinzessin. Wollen wir nicht wandern?" Darauf die Prinzessin: „Ja, ich wandere"[35].

Alle ziehen nunmehr, Naropa an der Spitze, zum Ort der Abschlachtung. Daselbst findet zunächst eine für unsere Begriffe seltsam anmutende zeremonielle Spiegelfechterei statt, indem der König und sein Gefolge dem Naropa und seiner Gattin mit vielen Worten ihre Schuldlosigkeit bezeugen.[36] Unmittelbar an die Freisprechung schließt sich die furchtbare Szene der Opferung des Paares an. Das Yab-Yum-Paar wird zunächst auf alle Weise geschmäht und beschimpft, dann mit Stricken gebunden, ihre Körper werden in Stücke geschnitten, mit einem Hammer in Stücke geschlagen und endlich verbrannt (129).

Als am anderen Morgen Leute vorbeikommen, glauben sie in dem noch glühenden Feuer das Paar tanzen zu sehen.[37] Auch der

35 „Wandern" scheint hier doppelsinnig zu sein = Himmelswandern, ein Euphemismus für „die Körperlichkeit aufgeben", eine ähnliche Zweideutigkeit wie „den Mittag vorbereiten". Die eigentliche Bedeutung von daka, beziehungsweise *dakini* ist Himmelswanderer, bzw. Himmelswanderin. Darunter versteht man Götter, beziehungsweise Göttinnen niederen Ranges, unsern Engeln und Feen ähnlich, nicht aber Hexen, wie Grünwedel sagt. Menschen und Tiere können nach ihrem Tode zum Himmel aufsteigen und daka, beziehungsweise dakini werden. Grünwedels Bösartigkeit nennt diese Wesen „Luftleichen"! – Wir erinnern uns, dass Naropa es früher für unstatthaft gehalten hatte, auf die Jagd zu gehen. Auf seiner jetzigen Stufe hat er diesen konventionellen „Skrupel" überwunden, er setzt sich – ganz wie der Nazarener – über die Konvention hinweg, um der staatlichen Autorität einen Grund zum Einschreiten zu geben und so seinen Opfertod herbeizuführen.

36 Vielleicht handelt es sich dabei um eine Art Absolutionsritus vor der Hinrichtung.

37 Das Wort *vajra* bedeutet Diamant, Donnerkeil und Faszinum, und ist Symbol der Unvergänglichkeit. Darum sieht man auf Gemälden, die die Verbrennung der Leiche eines Heiligen darstellen, in den Flammen manchmal ein membrum virile, um die Unzerstörbarkeit dessen, was Goethe „Fausts Unsterbliches" nennt, anzudeuten. Hier kommen Leute, um zu sehen, ob sie in der Asche „den männlichen Wasserdämon

König überzeugt sich und bittet Naropa für die Misshandlung um Verzeihung. Der König nebst seinem ganzen Gefolge schafft sich in furchtbarer Reue ganz reines Tugendverdienst und wird durch Naropa zur Erlösung gebracht (130–137).

Naropa tritt nunmehr in einer neuen Wiedergeburt als ein Kind unter spielenden Kindern auf. Tilopa erscheint und stachelt ihn mit höhnenden Worten auf: „Wohlan denn, Shri Naropa, der Daka, der Lehrer gewährte nicht; die Errungenschaft der Wonne hat sich nicht entwickelt, der Trieb der dir zuteilgewordenen Kraft ist nicht freigeworden, terminiere[38] nicht, o Naropa." Der so Angeredete aber glaubt nach wie vor an seinen Lehrer und richtet eine Reihe von Fragen an ihn. Tilopas Antworten wollen Naropa immer mehr in Verlegenheit bringen und anstacheln, den Ausweg aus dem Labyrinth der Zweifel und der Ungewissheit zu suchen.[39] Zuletzt formuliert Naro seine Frage bedeutsam so: „Wenn nun immerhin bei der großen Seligkeit vollendeten Zaubers (lies: magischer Vollendung!) Gut und Bös da ist, ferner die Norm besteht, dass daraus Seligkeit und Unglück als Früchte reifen, welchen Sinn hat es dann, da alles als gleichstehend auftritt, das Gute zu tun, das Böse zu meiden?" (140) Darauf antwortet Tilopa, er, Naro, habe nicht erkannt, dass diese seine Erscheinungsform jetzt frei sei von der Wiedergeburt.[40] „Laß also

(naga) bemerken würden". Sogleich lässt Grünwedel seine üble Phantasie spielen.

38 „Terminieren" – als Bettelmönch umherziehen und predigen, meditieren und so weiter. Die eigentliche Bedeutung ist „üben" (Askese).

39 Die Methode des Tilopa ist in vieler Hinsicht der sokratischen Maieutik (Hebammenkunst) verwandt, mit der sie auch den ironischen Ton gemeinsam hat.

40 Diese letzte Reinkarnation Naropas als *Kind* ist symbolisch zu verstehen. Er verwandelte sich in „kindliche Heiligkeit", heißt es ausdrücklich. „Kind" ist Symbol für das, was jenseits von Gut und Böse steht, was transpolar über den Gegensatzpaaren aus seiner Integrität lebt, in diesem Sinne ist der Zustand des Kindes Symbol für die vollendete

so diese Begierde; dein Wandern gilt einer völligen Reinigung deiner selbst“ (142). Das „Erkennen ohne Paarheit“ ist nun Naropas Schutzgeist geworden. Wenn selbstwissendes Erkennen da ist, ein Objekt für Geist fehlt … hat auch Tilopa nichts mehr zu lehren. Dieses Anzeichen muss man durch eigenes Wissen erkennen. Die reine Seelensubstanz muss durch sich selbst geboren werden.[41] (143)

Damit hat Naropa die Stufe eines Donnerkeilträgers[42] (vajradhara) in den dreizehn magischen Kräften der höchsten Mahamudra klar und deutlich erreicht. Das ist Selbsterlösung durch Yoga. Naropa ist eine Sonne des Erkennens der Selbsterlösung geworden (144 f). So sagt Tilopa von ihm: „Er die Zauberkraft der höchsten Mahamudra erhalten, die Magie und Erlösung er-

Reinigungsarbeit. Darum steht die Geburt des „göttlichen Kindes“ in allen echten Regionen im bedeutungsvollen, wenn auch esoterisch nicht mehr verstandenen Mittelpunkt. Bei seiner Frage ist sich Naropa noch nicht darüber klar, dass es Gut und Bös nur als Gegensatzpaar in der Erscheinungswelt gibt. In dieser muss man das Gute tun, das Böse meiden. Auf der Stufe des Erleuchteten gibt es keine Gegensatzpaare mehr, sie sind in vollendete Harmonie sublimiert.

41 Das „Erkennen ohne Paarheit“, das heißt ohne Spaltung in Subjekt und Objekt des Erkennens, schützt Naropa vor einem Rückfall in überwundene Stufen, er braucht keinen anderen Lehrer mehr. Das Eingetretensein dieses Aktes muss man durch eigenes Wissen kennen, da ja kein Objekt und kein Lehrer mehr da ist. Die Seele hat sich ihre Substanz und ihre Unsterblichkeit rein durch und aus sich selbst geschaffen. Sie ist magisch vollendet: *integriert.*

42 Donnerkeilträger – das Absolute, die diamantene, unzerstörbare Substanz des Universums, das Magische Ich. Als Schöpferische Indifferenz jene höchste metaphysische Haltung, wie sie *Laotse* mit seinem „Handeln ohne zu handeln“ (wei-wu-wei) meint, sehr gut im Text durch den Satz ausgedrückt: Er ging dorthin, *wo außer der mudra nichts mehr ist* (mudra = Haltung oder Geste). Der Vajradhara verkörpert in sich alle fünf Dhyani-Buddhas und wird der sechste Buddha (Drug-pa-dorjichang) genannt, der der Dhyani-Buddha des dreizehnten höchsten Vajra-Zustandes im Sambhoga-kaya ist.

langt, hat erklärt, dass keine Unreinheit[43] da sein könne ... er ging dahin, zu gelangen dahin, wo außer der mudra nichts mehr ist (146). Naropa ist eingetreten in den Urgrund, in dem alles Terminieren aufhört, er ruht in seiner Urform, ohne mehr für das Heil der Lebenden zu wirken. Doch bleibt es nicht dabei. Noch einmal muss Naropa als Heilsspender zu den Menschen zurück, als er von seinen Schülern „zu Heilstaten für die Lebenden" gebeten wird und Tilopa selbst ihn auffordert, die „reife Ernte der Bekehrungsbedürftigen" zu schaffen (149). Naropa folgt dem Rufe und weiht den „König der Übersetzer", Marpa, ein, damit dieser in Tibet die Lehre verkündigen soll. In dieser letzten, seiner endgültigen Himmelfahrt vorhergehenden Phase vollbringt nun Naropa noch unzählige Wundertaten:[44] Blinde, Lahme, Taube, Stumme, Irre werden geheilt; solche, die Pakte mit Teufeln gemacht haben, werden freigemacht von der „nahenden Stunde"; er schafft Plagen der Unglücksjahre fort; er überwindet die Heterodoxen; er braucht sich nur in die Samadhi[45] der Erde zu versenken, so werden alle Felder golden und bringen Nahrung in Hülle und Fülle hervor; er versenkt sich in die Meditation des

43 Die metaphysische Reinigung von den Elementen oder die magische Eliminationsarbeit ist vollendet.

44 Die geschilderten Wundertaten rufen die Erinnerung an die ganz analogen Erzählungen des Neuen Testaments wach; ebenso an die Teufelsbündner des Mittelalters, die von der „nahenden Stunde" des ablaufenden Paktes und ihrer Verdammnis gerettet werden.

45 Samadhi ist der höchste Zustand der konzentrativen Versenkung, der für das Individuum die Unio Mystica bedeutet. Hier ist der Sinn soviel wie: „sich mystisch mit der Erde vereinigen"; ähnlich wünscht Faust „durch die Adern der Natur zu fließen". – Durch Samadhi auf das Wasser wird alles Wasser in „amrita", den Trank der Unsterblichkeit, verwandelt. Dieser Unsterblichkeitstrank (pharmakon athanasias) ist identisch mit dem „Wein", in den Christus auf der Hochzeit zu Kana das Wasser verwandelt, das „lebendige Wasser", dessen Genuss den Durst für immer stillt (*Joh.* cap. 4). Vergleiche auch das über die magische Wärme (candika) Gesagte.

Wassers, und alles Wasser verwandelt sich in den Unsterblichkeitstrank der Erkenntnis, und unzählige Lebende hatten am Unsterblichkeitstranke teil. Nachdem Naropa in dieser Weise maßlos zum Heile der Lebenden gewirkt hatte, ging unter Musik der Devas[46], ging unter Aufsprühen von Devas in leuchtenden, strahlenden Farben, unter endlosen Scharen von solchen, die den Regenbogenglanz besaßen, seine Körperlichkeit in einen Regenbogenkörper über, und endlich verblasste er am Himmel wie ein Regenbogen.[47] Die Vollendung (sampanna) ging über in das „Ich

46 Deva (sanskr. glänzend) sind niedere Götter, entsprechend den Dämonen der Griechen und christlichen Engeln. Es gibt Scharen von solchen, die den „Regenbogenglanz“ haben, einen verklärten, unzerstörbaren Körper, von der „Kleinheit eines Heiligen“, von der „Feinheit eines Heiligen“, wie im Text gesagt wird, um die Subtilität und Immaterialität eines solchen Körpers darzutun.

47 Die Himmelfahrt oder Apotheose des Naropa beginnt mit der Verklärung des Körpers in einen Regenbogenkörper am Himmel und wird von Musik und Illumination durch die Scharen der Devas begleitet. („Des Olympus Harmonien empfangen / Den Verklärten in Kronions Saal“ – singt Schiller von der Himmelfahrt des Herakles in „Das Ideal und das Leben“.) Nach dem Verblassen des Regenbogens geht die Vollendung über in die absolute Identifikation, ausgedrückt durch die Formel „Ich bin es selbst“. Das ist der Tatt-vata-Akt (tattvata bezeichnet die Identität der Seele) oder der Indifferenz-Akt (Ich = Es, Identität von Subjekt und Objekt). Bekanntlich leitet Fichte seinen ersten Grundsatz: „Das Ich setzt sich selbst“ aus dem Identitätssatz A = A ab. Ganz analog heißt es in unserem Text, dieser Akt „Ich bin es selbst“ sei der einzige Laut, das Wort A. Offenbar ein langes A, weil es die Identität von A (Subjekt) und A (Objekt) in sich enthält. Ganz wie Fichtes Identitätssatz den ersten Grundsatz liefert, wird auch der vollendete Buddha als aus dem A entsprungen angesehen, und die Letter (dharani) A ist „die vornehmste aller Lettern (Samen), von hoher Bedeutung, der erhabenste Buchstabe“. Setzt sich ein Buddha wieder mit der Erscheinungswelt in Verbindung, so ist er das in aller Leben ruhende A, die Basis und der Urgrund des Himmels. So wertvoll diese Zitate Grünwedels (S. 234 f) sind, so sinnlos sind seine daran angeknüpften „Deutungen“.

bin es selbst“, in den einzigen Laut, das Wort A.[48] Damit, im Lebensalter von 115 Jahren, ging er ein an den Ort des durch reine Gelehrsamkeitstätigkeit erleuchtenden Lichtes.

Zur Deutung und Würdigung

> „Das Wahre ist das Ganze. Das Ganze ist aber nur das durch seine Entwicklung sich vollendende Wesen.“
> (Hegel, Vorrede zur *Phänomenologie des Geistes*)

Dieses vielleicht bedeutendste Wort Hegels könnte das Leitmotiv der Entwicklung des Naropa gewesen sein, denn die magische Vollendung des Naropa stellt die praktische Anwendung des Hegelschen Satzes dar. So, wie dieser Satz ein Dokument für die gewaltige Tiefe des Hegelschen Denkens ist, so enthält er zugleich den einzig zulässigen Maßstab für die Beurteilung der ungeheuren, übermenschlichen Aufgabe, der sich der Held Naropa unterzieht.

Die Lebensgeschichte des Naropa zerfällt, wie wir gesehen haben, in zwei Hauptteile: Der bei Weitem wichtigste und umfassendste behandelt die Lehr- und Wanderjahre, denen ein kürzerer zweiter Teil folgt, der die Tätigkeit des Helden als Soter,

48 „And mystically the whole [of the Prajnaparamita (transzendentale Weisheit)] is further condensend into ‚the letter A‘, which is considered ‚the mother of all Wisdom‘, and therefore of all men of genius; all Bodhisattvas and Buddhas are said to have been produced by „A“, since this is the first element for forming syllables, words, sentences, and a whole discourse. – Waddell, *The Buddhism of Tibet or Lamaism*, p. 161, London, 1895. – Daher erklärt sich auch das bekannte, aber nicht verstandene Paulinische Wort: „Doch nicht ich lebe, sondern Christus lebt in mir“, da ja Christus entsprechend dieser indisch-tibetanischen Tradition das A und Ω ist.

als Erlöser oder Bodhisattva und anschließend seine Himmelfahrt in großen Zügen schildert. Dieser zweite Teil bildet also den Abschluss zu dem „unendlichen Erlösungswerk“, wie die Entwicklung Naropas treffend genannt wird. Die Entwicklung hat die „magischen Formen des Großmeisters Naropa“ darzustellen, und dementsprechend sehen wir Naropa unter verschiedenen Namen und Rollen, bald als Prinz, als Mönch, als Gelehrten, als Klosterabt und so weiter ein Leben in buntem Wechsel von Glanz und Armut führen, das aber seit jenem denkwürdigen Zusammentreffen mit dem hässlichen alten Weibe nur mehr dem einen Ziele, *der Suche des Lehrers,* geweiht ist. Den Lehrer zu suchen, der den *Sinn* weiß, wird die ihn beherrschende Idee, von der er nicht ablässt, wenn ihn auch alles wie eine Fata Morgana in der Wüste zu äffen scheint.

Wenn wir hören, dass Naropa schon als der „beste Mann des Erkennens“ an der berühmten Universität Nalanda galt, ehe er sich wie Goethes Faust der Magie ergibt, so könnte sich die Vermutung erheben, dass man es bei unserem Helden mit einem indischen Faust-Typus zu tun hätte, zumal ja der Übersetzer ihn als den „Hauptvertreter des Nekromanten- und Hexertums“ zu etikettieren für richtig fand. Ja, auch eine Art Mephisto in der ironisch-sarkastischen Gestalt des geisterhaften Lehrers Tilopa würde nicht fehlen. Aber solche äußerlichen Ähnlichkeitszüge dürfen nicht über die prinzipielle Verschiedenheit dieser beiden großen Menschheitshelden hinwegtäuschen, eine Verschiedenheit, die zutiefst mit dem Begriff der Magie zusammenhängt und zugleich die Differenz zwischen abendländisch-mittelalterlichem und indisch-tibetanischem Denken in voller Schärfe hervortreten lässt.

Während nämlich Fausts brennende Sehnsucht nicht über einen intellektuellen Wissensdrang hinausgeht, ist das von Naropa unermüdlich erstrebte „Erkennen“ eine magisch wirkende Kraft der *Erlösung.* Als *Hegel* sein tiefes Wort von dem Ganzen als dem durch seine Entwicklung sich vollendenden Wesen niederschrieb, ahnte er gewiss nicht, dass er damit das Geheimnis der Magie ausgesprochen hatte, wie es die antike Mysteriosophie und Mythologie gekannt und indisch-tibetanisches Yogatum bewusst zu realisieren unternommen hatte. Ebenso wenig aber hatte *Goethe* eine Vorstellung davon, welcher absolute Abstand seinen Helden von jener unermesslichen Höhe trennte, deren Bezwingung nach den alten Lehren nur einer wahren magischen Entwicklung gelingt, wie sie uns bei Naropa entgegentritt. Denn Faust will „wissen“:

> „Dass ich erkenne, was die Welt
> Im *Innersten* zusammenhält“. –

Ihn verlangt nach dem absoluten Wissen, aber weit entfernt davon, eine Vorstellung von einem solchen Wissen zu haben, ist er naiv genug zu glauben, „durch Geistes Kraft und Mund“ könne ihm ein solches Wissen übermittelt werden. Hier liegt also der volkstümliche Begriff der Magie als einer Kunst zugrunde, vermöge deren man mit außermenschlichen Wesen, Geistern, in Verbindung treten kann, um von ihnen Wissen und Wahrheit zu erlangen.

Die Verworrenheit einer solchen Wunschphantasie, die mehr Wahnsinn als Magie ist, ist auch dem Übersetzer des Naropa, A. Grünwedel, zum Verhängnis geworden. Das unausrottbare Vorurteil dieses entarteten und missverstandenen Begriffs der Magie hält selbst bedeutende Denker in seinem Bann gefangen und führt sie sofort irre, sowie das Wort „Magie“ fällt. Und doch ist Magie das Gewaltigste und Erhabenste, dessen der menschliche Geist fähig ist! Den Beweis dafür bietet uns die magische Vollendung des Naropa.

Die wahre Magie, deren exoterisches Missverständnis jener volkstümliche Aberglaube und Hokuspokus ist, hat eine bestimmte metaphysische Haltung zur Voraussetzung. Auch diese Magie ist ein Erkennen, aber keine rein intellektuelle Angelegenheit, sondern ein Erkennen, das schöpferisch an sich ist und damit eo ipso das Objekt aus sich selbst schafft, weswegen es magisch genannt wird. In einem solchen Akte ist es also das erkennende Subjekt, das das Objekt als seine Welt setzt, das heißt schafft. Magische Erkenntnis kann daher niemals passiv-rezeptiv aus der sinnlichen Erfahrung der Welt gewonnen werden. Sie muss vielmehr aktiv-produktiv aus dem Ich und seinem Machtvermögen, seiner Potenz erzeugt werden. Aufgabe und Ziel dieses magischen Erkennens ist somit die alte delphische Forderung: Erkenne dich selbst! Magie in diesem Sinne ist Wissenschaft vom Ich und seinem Machtvermögen. Zum Unterschied von dem empirisch-relativen Ich bezeichnen wir dieses nicht gegebene, sondern *aufgegebene* Ich als das Magische Ich. Das gegebene empirische Ich ist dieses Magische Ich der Möglichkeit nach, potentiell, und man muss sich vor Augen halten, dass jedes Wesen, das sich als Ich bezeichnet, im sogenannten Unbewussten damit den Sinn der absoluten Individualität verbindet. Nur ein Erkennen, das von dem Ich als Subjekt ausgeht, genügt der Forderung nach dem absoluten Wissen, denn wirklich erkannt werden kann immer nur das, was ich selber bin, beziehungsweise womit ich mich identifiziere. Darum: Erkenne dich selbst!

Demgegenüber wäre die Erkenntnis der Welt als eines von mir verschiedenen Anderen, als einer wirklichen Außenwelt nur durch eine vermittelnde Offenbarung, eben durch „Geistes Kraft und Mund“ möglich, aber hier taucht sogleich die Frage auf, wie sich ein solches offenbarendes Wesen als die Wahrheit legitimieren soll. Die Anerkennung der Legitimation aber bleibt in letzter Instanz stets Sache des Ich, das heißt das Ich kommt um das Selbsterkennen nicht herum, es muss sich zuletzt unausweichlich selber als den Richter über die Wahrheit statuieren. Nur durch meines *eigenen* Geistes Kraft und Mund kann ich die Wahrheit vernehmen: „*Ich* bin der Weg, die Wahrheit und das Leben!" Das ist die magische Würde des menschlichen Geistes.

Das ist aber zugleich der Weg der magischen Erkenntnis, der die *Erlösung* mit sich bringt:

> „Das Ich schweift solange ängstlich in dem ungeheuren Weltrade umher, als es in dem Herrn, der das Rad dreht, einen andern wähnt als sich selbst. Aber mit dem Augenblick, wo es als den Herrn des Rades sich selber weiß, da hat es den Frieden der Unsterblichkeit erobert."

So spricht die Shvetashvatara-Upanishad, und wiederum tönt uns aus ihr die delphische Forderung: „Erkenne dich selbst" entgegen.

Wie wenige haben doch den Sinn dieser Forderung und ihre ungeheure Tragweite begriffen, seit sie von Delphi und anderen Stätten der Weisheit in die Welt gesandt wurde! Was ist das also für ein Erkennen, dieses Sich-Selbst-Erkennen?

Wenn, wie bereits früher angedeutet, es sich hier nicht um die uns geläufige Subjekt-Objekt-Erkenntnis handelt, bei welcher der Erkennende und das Erkannte zweierlei sind, welche andere Art von Erkenntnis kann es da noch geben? Die Erkenntnis, welche der Lehrer von Naropa verlangt, ist gerade durch ihr Freisein von der Zweiheit, dem Dualismus, gekennzeichnet.

Für die hier geforderte „magische" Erkenntnis fehlt es uns an einem geeigneten Wort, das eine einwandfreie Unterscheidung der beiden Begriffe ermöglicht. Wäre ein Wort wie Gnosis nicht geschichtlich genau auf eine ebenfalls andersartige Erkenntnis festgelegt, so würde es seiner sprachlichen Wurzel nach vortrefflich geeignet erscheinen, um das Wesen der hier infrage stehenden Erkenntnis widerzuspiegeln. Denn Gnosis bedeutet seiner Sprachwurzel nach sowohl „erkennen" wie „erzeugen", und alle „magische" Erkenntnis ist gerade dadurch charakterisiert, dass sie ihren Gegenstand durch ihren Akt realisiert, das heißt erzeugt oder erschafft. Ein Erkennen dieser Art wäre eine „intellektuelle Anschauung" oder ein „intuitiver Verstand", wie er Kant als Grundbegriff seines Kritizismus vorschwebte.

Wenn freilich Kant eine solche Funktion nur dem „Urwesen", nicht aber dem Menschen zuerkennen möchte, so ist es gerade Ziel und Aufgabe der im Naropa geschilderten magischen Entwicklung, die Identität dieses „Urwesens" oder „Selbst" mit dem Ichbewusstsein zu realisieren: „Ich, Naropa, bin ein Selbst, nicht gesucht von andersher." Und obwohl ein Pascal das große Wort gesprochen hat: „L'homme passe infiniment l'homme" (Der Mensch geht unendlich über den Menschen hinaus), obwohl die nachkantische idealistische Philosophie dem Menschen eine solche intellektuelle Anschauung theoretisch zubilligte, hat doch nur die seit Jahrtausenden im Orient, insbesondere in Indien, geübte Yogapraxis gewisse Methoden ausgebildet, welche eine Umschaltung des normalen dualistischen Bewusstseins auf ein Überbewusstsein oder kosmisches Bewusstsein ermöglichen sollen. Diese Art von Yogapraxis ist angewandte Metaphysik oder Magie.

Wegen seines monistischen Charakters heißt in unserm Text das magische Erkennen ein Erkennen „ohne Paarheit", nämlich von Subjekt-Objekt. Magie heißt auch „erhabene Erkenntnis", wie *šes rgyud bzan* – „erhabener Zusammenhang durch Erkenntnis" oder „reiner magischer Zusammenhang des Erkennens" soviel bedeutet wie Sohnschaft durch Magie, magischer Sohn, geistlicher Sohn. Alle Magie ist also Macht des Geistes, und der vollendete Magier heißt auch „Geistessohn", weil er das Erkennen voll durchgeführt hat. Ein solcher Magier hat die höchste Dakini (Prajnadakini), die Göttin des Erkennens besiegt, das heißt, er hat die Wahrheit schlechthin erobert. Er führt auch die Bezeichnung „Magischer Held“ (Dpa Bo).

Die Eroberung der Wahrheit durch die Besiegung der Prajñadakini wird in der tibetanischen Literatur vielfach als allegorischer Abenteuerroman dargestellt, wie ja auch die griechischen Heldensagen (Herakles, Theseus und andere) nichts anderes als exoterische Projektionen der antiken Mysteriosophie sind. So gibt A. David-Neel eine spannende Erzählung von den Abenteuern, welche der Lehrer unseres Naropa, Tilopa, zu bestehen hatte, um die Königin der Dakinis zu besiegen. Nach Überwindung zahlloser phantastischer Gefahren und Hindernisse gelangte er zuletzt an das Schloss der Königin, dessen Bronzemauern bis zur Weißglut erhitzt waren. Sämtliche Zugänge wurden von schreckenerregenden Ungeheuern verteidigt.

> „Aber er erzwang sich den Eintritt in das verzauberte Schloss, durchschritt einen wahren Irrgarten von prächtigen Zimmern, bahnte sich auch durch sie seinen Weg und kam so endlich in das Gemach der Königin. Er fand sie, in göttlicher Schönheit auf ihrem Throne sitzend, im Schmuck herrlicher Juwelen strahlend, und als der heldenmütige Wanderer die Schwelle des Saales überschritt, lächelte sie ihm huldvoll zu.
>
> Allein ganz ungerührt ob dieser Huld stieg er die Stufen des Thrones hinan, und unablässig die Zauberformel wiederholend, riss er der Fee den funkelnden Schmuck ab, trat ihre Blumenkränze mit Füßen, zerfetzte ihr gold-brokatenes Kleid, und schließlich, als sie nackt auf dem geplünderten Thron stand, tat er ihr Gewalt an.“[49]

49 A. David-Neel, *Heilige und Hexer*, S. 174.

Diese Geschichte ist ein klassisches Beispiel für die Symbolik der „Res gestae“ eines Magischen Helden. Das Ziel ist hier immer die Selbsterlösung. Selbsterlösung durch Selbsterkenntnis, durch die Erkenntnis des magischen Zusammenhangs des Selbst! Davon heißt es, dass das „unendliche Erlösungswerk“ eine Feststellung „für die Entwicklung der magischen Formen des Großmeisters Naropa“ sei (S. 29). Gleich in der Einleitung wird Naropa folgendermaßen apostrophiert:

> „Naropa, der du durch Selbsterlösung ... den Urgrund des Kreislaufs (samsara) erschüttertest“ (S. 30). Sein Auftrag wird ihm mit den Worten übergeben: „Einmal nun bringe in Gang, was in so langer Zeit nicht gesehen wurde, den Weg des reinen Schatzes der höchsten Zauberkraft, den erhabenen Weg, den schnellen, raschen ... das Rad der Religion, die die höchste ist.“

Durch die Vollendung dieses Auftrages des „unendlichen Erlösungswerkes“ erhält Naropa „die Form eines *magischen Körpers,* des sogenannten Geheimnisses, zum Geschenk“ (32). Was ist unter einem solchen „magischen Körper“ (*sgyu lus*) zu verstehen? Es ist das ein wichtiger Begriff der mahayanischen Metaphysik, der in der Esoterik aller alten Religionen eine große Rolle spielt. Er hängt aufs Innigste mit dem Begriff der „Erlösung“ oder „Befreiung“ zusammen, der ursprünglich und seiner eigentlichen Bedeutung nach keine religiöse, sondern eine magisch-metaphysische Kategorie ist.

Es ist bekannt, dass in Tibet die Schüler der Magie nach Anleitung ihres Meisters sich die Irrealität der Götter durch eine demonstratio ad oculos, sozusagen durch ein exaktes Experiment zu beweisen pflegen, indem sie eine Göttergestalt durch die Kraft ihrer Imagination bis zu einer plastischen Scheinlebendigkeit zu visualisieren haben. Dadurch soll der angehende Magiker zu der Einsicht gelangen, dass die ganze Götterwelt seine beziehungsweise seines Geistes eigene Schöpfung ist. Der hier zutage tretende Demonstrationsgedanke beherrscht nun auch das ganze Erlösungswerk eines Magus. Denn der esoterische Sinn der Erlösung oder Befreiung verlangt von dem vollendeten Magus als dem absoluten Individuum (Ipsissimus) keine weitere Legitimation, als dass er die Probe auf die Irrealität der Welt als eines „Andern" dadurch macht, dass er sie willkürlich durch einen Akt seiner Freiheit, aus dem Nichts, erschafft! Das aber geschieht dadurch, dass das vollendete Individuum oder Magische Ich seinen „magischen Körper", der deswegen auch „kosmischer Körper" genannt wird, in die Welt projiziert.[50]

Dieser kosmisch-magische Körper darf nun nicht als etwas Materielles missverstanden werden, sondern ist als ein Zentrum von Funktionen zu begreifen. Alles, was Materie ist, erscheint bei ihm in Aktivität aufgelöst, wie es das „Solve!" der alten hermetischen Formel gebietet. Das Magische Ich hat das *Machtvermögen,* sich körperlich zu offenbaren, und dieses Machtvermö-

50 Wir müssen uns darauf beschränken, diese schwierigen Probleme des Magischen Idealismus hier nur soweit zu bezeichnen, als sie zur Interpretation des Naropa-Textes erforderlich sind. Wir wollen es uns indessen nicht versagen, den Leser auf die alles überragende Großartigkeit dieser magischen Weltanschauung hinzuweisen, die ihres Gegenstandes würdig ist. Wir bemerken nur noch, dass der Streit über Realität oder Irrealität der Außenwelt hier mit einem Schlage gelöst erscheint, indem die Welt für das nicht befreite menschliche Individuum empirisch real ist, der exakt erbrachte Nachweis der Irrealität der Außenwelt als Weg zur Befreiung und Freiheit dagegen allein Verwirklichung und Erlebnis des schöpferischen Magus ist. Auf dem Standpunkt des empirischen Bewusstseins ist es absurd, die Welt als irreal zu bezeichnen. Hier erkennt man die absolute Überlegenheit des Magischen Idealismus über den philosophischen Idealismus, wie über alle Philosophie überhaupt.

gen ist sein „magischer Körper". Anstelle von Materie hat der „magische Körper" das Machtvermögen zur Substanz.[51]

Der magische Körper heißt auch „Körper der Freiheit" und „Körper der Unsterblichkeit". Dieser „Körper" ist also kein anderer Körper neben dem materiellen, sondern er ist die restlose Auflösung des materiellen Körpers in reine Aktivität. Man könnte auch sagen, es ist eine andere Art, ein anderer Modus, das zu erleben, was gemeinhin als Körper erlebt wird.[52]

Sich einen solchen unsterblichen Körper aufzubauen, ist nun die Aufgabe eines Magus. Wenn er dieses Ziel erreicht hat, so hat er das Magnum Opus, das „unendliche Erlösungswerk", wie es im Naropa heißt, vollendet, er hat die *Befreiung* errungen.[53]

Als pneumatischer Körper ist der magische Körper unsterblich, weil der Geist das Prinzip der Macht und des Lebens ist.

Der esoterische Sinn der Erlösung ist also der einer Befreiung und einer Beherrschung. Nicht einer Befreiung *von* der Welt in dem völlig missverstandenen Sinne dieses Wortes, sondern einer Befreiung von der Welt als eines „Andern", als eines Nicht-Ich, als eines passiven Erleidens anstelle eines aktiven Erlebens der Welt in Freiheit und Beherrschung.[54] Erlösung in diesem Sinne

51 Dieses Geheimnis der Magie liegt auch der Transsubstantiation der Hostie im katholischen Ritual zugrunde. Nicht die Materie der Spezies, sondern ihre Substanz wird verwandelt.

52 Die modernen Spekulationen und Bestrebungen der Physik nähern sich unbewusst der magischen Grenze.

53 Dieser „magische Körper" ist der verklärte Leib (σῶμα τῆς δόζης). der Auferstehungsleib, der pneumatische (geistige), himmlische Leib des Neuen Testamentes. Paulus verdankt diese Begriffe vermutlich der hellenistischen Gnosis. Vergleiche 1. Kor. 15, 41 ff – Phil. 3, 24.

54 Rabindranath Tagore sagt in *Sadhana*, Seite 47: „Ich warne ... vor der falschen Vorstellung, als hätten die Lehrer Indiens eine Welt- und Selbstentsagung gepredigt, die nur zur öden Leere der Verneinung führt. Ihr Ziel war, ihre Seele zu verwirklichen oder mit anderen Worten, sich in Wahrheit die Welt zu eigen zu machen. Als Jesus sagte:

heißt, nicht leben als Natura naturata, sondern leben als Natura naturans. Dann freut sich die Natur der Natur, wie es in der dunkeln *Tabula Democritica* heißt, die Natur besiegt die Natur, und die Natur bändigt die Natur.

Natura natura gaudet.
Natura naturam vincit.
Natura naturam domat.

„Wie die Identität der Seele sich dabei erwies, das lobet!" heißt es im Text von diesem unendlichen Erlösungswerk (33). Das wird an einer anderen Stelle dem Sinne nach so erläutert: Wenn sich der Schüler auf die Identität der Seele (tattvata) stützt, so muss er, um die magische Kraft zu erlangen, einmal den Begriff der Unreinheit der Materie überwinden, indem er sie segnet, das heißt sie bejaht. Denn durch diese Bejahung wird sowohl die unreine, entgötterte Materie rein, als auch er selber rein von ihr, indem er sich mit ihr identifiziert. Durch den Segen erhält die Materie ihren erlösenden Sinn, und der magische Held realisiert seine Integrität. Zum andern aber muss er zum Erkennen ohne Subjekt-Objekt gelangen, zum reinen Selbsterkennen. Dieses „Erkennen ohne Paarheit" muss des Magiers Schutzgeist sein.

Damit gewinnt der Sinn des magischen Selbsterkennens greifbarere Gestalt: Unter keinen Umständen darf das Selbst als ein Anderes, als das Objekt der Erkenntnis gefasst werden! Vielmehr sich selbst in allem „Andern" erkennen, sich mit dem „Andern" identifizieren, sich dadurch von allem „Andern" reinigen und sich so differenzlos innehaben, das ist magische Selbsterkenntnis. „Die große Bedeutung des Urbildes liegt darin, dass alle Unterschiede schwinden", so wird Naropa von der Aussätzi-

‚Selig sind die Sanftmütigen, denn sie werden das Erdreich besitzen', meinte er dies."

gen belehrt (71). „Urbild“ oder „Urform“ (tibetanisch *gnug ma*) ist *ohne Unterschiede,* und eben diese Indifferenz ist das Wesen des Schöpferischen Urbildes. Wenn es von dem vollendeten Naropa heißt, dass er, ohne zu terminieren, in seiner Urform ruhe, dort, wo außer der Mudra nichts ist, so ist hier klar erkannt, dass der vollendete Magus oder das Magische Ich selbst nichts Objektives ist, sondern das schöpferische Prinzip alles Objektiven darstellt. Ein so gewaltiges Wort wie dieses: „Ich, Naropa, bin ein Selbst, nicht gesucht von andersher“ setzt ein Bewusstsein voraus, das durch diese Identifikation den Keim zur absoluten *Beherrschung und damit zur Erlösung der Welt* pflanzt. Diese Form der Identifikation ist ungleich gewaltiger und großartiger als bekannte andere Formen wie: „Ich und der Vater sind eins“ oder „Ich bin Brahma“.

Wie die meditative Entwicklung, die der Magiker durchmacht, symbolisch als ein „Gehen in die Wüste“ (Anachoretismus) bezeichnet wird, ohne dass damit unbedingt ein äußerliches Zurückweichen von der Welt, ein räumliches Entweichen in die Einsamkeit verbunden sein müsste, so kann diese Entwicklung nicht minder symbolisch als ein „Suchen des Lehrers“ angesehen werden. So sehen wir Naropa diesen Schritt in die „Wüste“ tun und unentwegt terminieren, um den ihm verheißenen Lehrer zu finden. In dieser Wüste gibt es keinen Weg:

> „Wohin des Wegs?
> Kein Weg! Ins Unbetretene –“ (Faust).

So wie einst der Urmensch in der Finsternis seines Unbewusstseins sich selbst das bewusste Leben schaffen musste, wie er sich Beine zum Wandern machen und wandern musste, wo kein Weg war, so empfindet sich der höchstbewusste geniale Mensch von heute in einer ähnlichen Lage, weil er seinem eigenen unbewussten Werdeprozess, der ihm als äußere Welt der Sinne erscheint, fremd und fassungslos gegenübersteht. Solange ihm diese Tatsachenwelt als ein von ihm unabhängiges Außending gilt, muss er in absoluter Ohnmacht daran verzweifeln, ihren Sinn bewältigen zu können. Erst wenn er das große Spiel wagt, die fremde dunkle Welt als *seine* Welt zu erleben, indem er sich *seine* Wahrheit, *seinen* Glauben, *sein* Universum aus sich selbst heraus erschafft, blitzt ihm eines Tages die große tragische Erkenntnis auf, dass kein andres Wesen ihm Lehrer und Stütze sein kann als sein magisches Erkennen allein, und dass dieser Prozess der magischen Selbsterkenntnis in ein und demselben Akte das Geheimnis des Ich als eines unendlichen Machtvermögens und den Sinn der Welt offenbart. „Das Wort war bei Gott und Gott war das Wort" (Joh. 1, 1). Kraft der in seinen einsamen Meditationen errungenen unüberwindbaren Autarkie und Autonomie kann der Magus, wenn er die „Wüste" verlässt, von sich sagen: Ich bin ein Selbst, nicht gesucht von andersher. Die Metanoia ist vollendet, der magische Held lebt in einer neuen Realität, in einer andern Stase des Bewusstseins, in der die Welt der sinnlichen Erscheinung als Ergebnis der Aktivität des „Ich" erlebt und beherrscht wird, er ist ein Vajradhara (Donnerkeilträger) der Zahl 13 geworden.

Auf dem Wege zu diesem Ziel soll jedes Erlebnis dem Schüler als eine Beschäftigung des Lehrers mit seiner Seele gelten. Lange Zeit freilich kommt unserem Helden diese Einsicht zu spät, wenn der Lehrer, das Erlebnis, schon vorüber ist. Denn die richtige Erkenntnis muss im richtigen Moment aufblitzen. So aber kommt es sogar zu einem Selbstmordversuch, weil Naro daran verzweifelt, den Lehrer überhaupt noch in seiner gegenwärtigen Existenz finden zu können. Sowie er aber den Lehrer gefunden hat, folgt er ihm blindlings und führt alle seine Befehle, auch die grausamsten und gefährlichsten, ohne Zaudern aus. Wie sich der christliche Mystiker oft nur noch als eine „Sache" Gottes betrachtet, so betrachtet sich Naropa von jetzt ab nur noch als eine Sache seines Lehrers. „Wenn ihm (dem Schüler) von seinem Lehrer befohlen wird, von einer Klippe herabzuspringen, so ist es für ihn sehr viel besser, dies zu tun, als die Übung aufzugeben" – heißt es in einem magischen Handbüchlein (*Buch 4, Magie*, S. 89).

Der magische Charakter der von Naropa auf Befehl des Lehrers durchgemachten Prüfungen bezweckt die „Bannung", wie der Text sagt, und zwar muss der Schüler die Bannung selbst vollbringen. Die Bannung (Befreiung, Erlösung) kann wirksam nur eine Autosoterie sein:

> „Hast du nicht alles selbst vollendet,
> Heilig glühend Herz?"
> (Goethe, *Prometheus*)

Es weist diese Bannungs- oder Eliminationsarbeit zwei Momente auf: Da nach der Belehrung der Aussätzigen im Urbilde alle Unterschiede, alle Skrupel und was dranhängt, verschwunden sind, so muss der Schüler einmal seine „Skrupelsucht" – das ist seine Neigung, Unterschiede zu machen – völlig ablegen. Indem er von hier aus die Erkenntnis der Identität des Nichtzuunterscheidenden vollzieht, muss er dann sich selber folgerecht mit der erkannten Identität identifizieren, um sich metaphysisch zu integrieren.

Wir müssen einen Augenblick bei diesen Prüfungen verweilen, da die Art ihrer Realität Anlass zu Unklarheiten geben kann und gegeben hat. Der richtige Blick für diese Dinge kommt dem Verständnis des einheitlichen Zusammenhangs, der Kontinuität des Entwicklungsganges unseres Helden zugute. Wir können Grünwedels Meinung auf sich beruhen lassen, der kurzerhand diese Erlebnisse Naropas als „Delirien" bezeichnet, obwohl ihm bekannt ist, dass die Gelbe Kirche selbst diese Dinge allegorisch auffasst und er selbst an einer Stelle (Seite 16) behauptet, dass eine Anzahl dieser „Delirien“ „deutlich *symbolischen* Charakter“ tragen!

Wenn wir lesen, dass Naropa zum Beispiel von einem Tempeldach herunterspringt, wenn er in ein Feuer hineinspringt, wenn er sich in einem Sumpfe von Blutegeln aussaugen, wenn er sich spitze Holzspäne unter die Fingernägel schlagen, sich brennende Öllämpchen ins Fleisch einsetzen lässt oder wenn er gar den magischen Kreis in Ermangelung der erforderlichen Utensilien mit den Gliedern seines Körpers, die er sich selbst abgehauen hat, herstellen muss, so müssen wir uns fragen, ob es sich hier um symbolische Gesten oder um wirkliche Tode des Helden handelt, der dann in neuen Wiedergeburten sein Ziel unentwegt weiter verfolgt.

Gegen die Letztere, nach indischer Vorstellung durchaus mögliche Annahme spricht indessen – von einer Ausnahme abgesehen – der klare Wortlaut des Textes selbst. Nach diesem stirbt nämlich Naropa nicht wirklich an den Folgen seiner Martern, sondern er *glaubt* nur daran zu sterben: „In einem Zusammenbruch und in Zerspaltung *glaubte* er hinabzustürzen“ (71); „er *glaubte* in einem Zusammenbruch sich zu befinden“ (72) und so weiter. Ebenso heißt es regelmäßig: „Als er sich wieder erholt hatte“ oder: „dann erholte er sich wieder“. Bei anderen Erlebnissen ist die Reaktion schwächer, so dass Naropa nur Reue und Beschämung über seinen Unverstand empfindet. Nach dem Sturz vom Tempeldach spricht Naropa ein Bittgebet und sagt: „Sichtlich sterbe ich hier wirklich“, aber dann erscheint Tilopa und stellt ihn wieder her. Naro glaubt zwar zunächst, wirklich zu sterben, und spricht die Bitte aus, wiedergeboren zu werden und sich wieder mit dem Lehrer zu treffen, aber Naropa stirbt nicht (99).

Diese Stelle zeigt klar, dass Naropa bei seinen früheren Ordalen nicht wirklich gestorben ist, wie ja auch sein Glaube, jetzt wirklich zu sterben, nicht in Erfüllung geht. An einer einzigen

Stelle spricht der Text demgegenüber von einem wirklichen Tode: nach seiner und seiner Frau Hinrichtung auf Befehl des Königs, seines Schwiegervaters. Danach tritt Naropa nur noch in einer einzigen Reinkarnation als Kind vor seiner endgültigen Himmelfahrt auf.

Eine gewisse Gruppe von Erlebnissen unseres Naropa würde die moderne Psychologie freilich als Visionen und Auditionen (Halluzinationen des Gesichts und Gehörs) anzusprechen geneigt sein. Wenn Naropa sieht, wie sich die Aussätzige in eine bunte Scheibe am Himmel verwandelt, wenn er Stimmen vom Himmel herab sprechen hört und dergleichen mehr, so sind das zwar Erlebnisse offenbar subjektiver Natur, die jedoch in keiner Weise als krankhaft angesehen zu werden brauchen. Ähnliche Erlebnisse hat auch der Nazarener, zum Beispiel wenn er ausruft: „Ich sah wohl den Satan als einen Blitz vom Himmel herniederfahren“ (Luk. 10, 18).

Die wissenschaftliche Psychologie hat zwar in neuerer Zeit einiges Licht in das Dunkel der sogenannten Dissoziationserscheinungen (Persönlichkeitsspaltung) gebracht, ist jedoch noch weit davon entfernt, auf diesem verwickelten Gebiet die notwendigen Unterschiede zu erkennen. Halluzination – sagt man und weiß nicht, dass es auch wahre Halluzinationen gibt. Nach *Hippolyte Taine* ist die ganze Welt eine „*wahre* Halluzination“! Welcher Dichter weiß nicht, dass jede wahre Dichtung eine „wahre Halluzination“ ist? Ja, es gibt Bewusstseinszustände, die für das erlebende Subjekt absolut real sind und deren Objektivität nur deswegen nicht von jedem andern ohne Weiteres festgestellt werden kann, weil entweder eine bestimmte Anlage oder eine bestimmte Schulung dazu erforderlich ist. Sie sind nicht subjektiv schlechthin, sie sind vielmehr potenziell-objektiv.

Das aber gilt insbesondere von jenen Bewusstseinszuständen, die wir als „magische Vitalstase“ bezeichnen. Wenn die Intensität eines Erlebnisses ein Kriterium für seine objektive Realität ist, wie könnte das erlebende Subjekt hier an dieser Realität zweifeln, wenn es Tatsache ist, dass das normale wache Leben als ein blasser Traum im Verhältnis zu der Intensität des magischen Wachseins, der magischen Stase empfunden wird? Damit wird uns klar, dass ein richtig zelebriertes Ritual oder Ordal mit physischer Intensität erlebt wird und sich von normaler physischer Realität nur durch die fehlende Permanenz unterscheidet. Zum besseren Verständnis dieser noch zu wenig erforschten Dinge mögen wir uns hier vergegenwärtigen, dass nach indisch-tibetanischem Sprachgebrauch die so häufig gebrauchten Ausdrücke „Erkenntnis, Wahrheit, Realität, Befreiung" mit fast unmerklichen Nuancen alle ein und dieselbe magische Bewusstseinsstase bezeichnen. Es ist ein Bewusstseinszustand, der in höchster Klarheit das Gefühl untrüglicher Evidenz und diamantener Unzerstörbarkeit und Permanenz aufweist. Ein Geist wie *Novalis* hat um diese Dinge gewusst, wenn er sagt:

> „Es ist (dieser Zustand, mit Bewusstsein jenseits der Sinne zu sein) kein Schauen, Hören, Fühlen; es ist aus allen dreyen zusammengesezt, mehr als alles Dreyes: eine Empfindung unmittelbarer Gewißheit, eine Ansicht meines wahrhaftesten, eigensten Lebens. Die Gedanken verwandeln sich in Geseze, die Wünsche in Erfüllungen".[55]

Realität ist also in diesem Sinne kein sogenanntes „Ding", noch auch ein philosophischer Begriff, sondern Realität ist ein Zustand des Bewusstseins wie Wahrheit und Erkenntnis. Diese Vitalstase drückt der Nazarener aus in seinem gewaltigen Ausspruch: „Ich bin der Weg, die Wahrheit und das Leben."

55 Novalis: *Werke*. Hg. von H. Friedemann, Berlin 1908. Teil III, Frag. 456.

Mit unablässiger Inbrunst hat Naropa diese magische Stase durch sein Terminieren hervorgerufen und kultiviert. „Terminieren" ist hier Fachausdruck für zeremonial-magische Praktiken im weitesten Sinne: das Mandala, der magische Kreis, wird ausgelegt und vorgeschriebene Ehrerbietungen, Darbietungen, sowie Umwandlungen (Ambulationen) gemacht. Das, was dabei beschworen wird, der „Lehrer", ist seinem Wesen nach das, was man seit allersher „Genius" nennt, das Höhere Selbst im Menschen, das durch diese meditativ-zeremonialmagische Praktik aktiviert werden soll. Goethe als „Wanderer" im Sturm ruft noch diesen „Genius" an, ihn nicht zu verlassen. Wie schon Novalis gesehen hat, handelt es sich dabei um eine Erregung des wirklichen, das heißt empirischen Ichs durch das ideale, das heißt magische Ich, zwischen welchen beiden ein inneres Selbstgespräch stattfindet. Diese innere Stimme zu entwickeln, um sich ihr als Lehrer anzuvertrauen, ist das Zeichen eines höheren Menschen, wie ebenfalls *Novalis* bemerkt, der diesen „Selbstverkehr" des Geistes als einen „innerlichen Pluralis" bezeichnet.

> „Wenn der Mensch erst ein wahrhaftes, innerliches Du hat, so entsteht ein höchst geistiger und sinnlicher Umgang, und die höchste Leidenschaft ist möglich. Genie ist vielleicht nichts als das Resultat eines solchen innerlichen Pluralis. Die Geheimnisse dieses Umgangs sind noch sehr unbeleuchtet."

Erhellt dieses Fragment des Novalis mit seinen Gedankenblitzen nicht wie mit einem Zauberschlage das Dunkel des geheimnisvollen Umgangs des Naropa mit seinem Lehrer? Ist nicht in der Tat der Umgang des Naropa mit seinem Tilopa-Du, seinem höhern Ich „höchst geistig und sinnlich" zugleich? Muss nicht Naropa mehr als einmal ausdrücklich wegen seiner „höchsten Leidenschaft" getadelt werden?

Die Prüfungen unseres Helden sind also in Wahrheit letzten Endes Momente einer einzigen großen Selbstprüfung, ein kontinuierliches dialektisches Frage- und Antwortspiel mit verteilten Rollen zwischen dem empirischen Ich und dem höhern oder idealen Ich, indem jenes durch dieses erregt wird. Der psychologische Modus operandi eines solchen Selbstverkehrs des Geistes dürfte analog dem der bekannten Schul- und Examensträume sein: Man träumt, man sitze in der Schule. Der Lehrer stellt eine Frage, die man selber nicht beantworten kann. Aber ein Mitschüler erhebt sich und gibt die Antwort. – So wie in dieser Traumdramatik Persönlichkeiten mit einem bestimmten Bewusstseinskreis gegeneinander abgegrenzt und isoliert erscheinen, wobei ein Gesamtbewusstsein, das selbst nicht erscheint, als Spiritus rector dahintersteckt, so liegt auch der Fall in dem pluralistischen Frage- und Antwortspiel magischer Vitalstasen.

Unter diesen Umständen sind Naropas Prüfungen für ihn selbst subjektive Tatsachen, die auf jeden Fall eine objektive Anlage in sich tragen, sodass unter sonst gleichen Bedingungen jedes erlebende Subjekt die gleiche Erfahrung macht. So bemerkt ein zeitgenössischer magischer Dichter von den Visionen, Ordalen und Prüfungen, die er in seinen Dichtungen schildert, dass diese nicht als Erzeugnisse der dichterischen Phantasie, sondern als Berichte (subjektiver) Tatsachen zu bewerten seien.[56] Die Prüfungen des Naropa können des Weiteren als magische Verwandlungen in den vom Lehrer aufgegebenen Zustand angesehen werden, um festzustellen, ob der Schüler die magische Überzeugungskraft, den magisch wirkenden Glauben an den Lehrer erlangt hat.

56 „In this volume and throughout Crowley's works the visions, ordeals, etc., are, as a rule, not efforts of imagination, but records of (subjective) fact" A. Crowley, „Songs of the Spirit", Anmerkung. In *Collected Works*, Bd. I, S. 29.

Eine besondere Betrachtung verdient hier noch das furchtbarste unter diesen Ordalen, die Naropa zugemutet werden, das Mandala mit dem eigenen Körper. Naropa wird dahin belehrt, dass ihm nunmehr Anleitungen zur Erlösung gegeben würden „auf Grund furchtbarer Hingabe seines kostbaren Lebens in Körperlichkeit". Auf Befehl Tilopas soll Naro den magischen Kreis auslegen, und da es ihm an Wasser dazu fehlt, muss er sein eigenes Blut dazu spenden. Da er kein Blumenbukett hat, sagt Tilopa zu ihm: „Hast du nicht Arme und Beine, Finger und Zehen? lege sie um als Rand, schneide den Kopf ab und lege ihn in den Kreis." Auch hier stirbt Naropa nicht wirklich, sondern wird von Tilopa durch Striche mit der Hand wiederhergestellt, nachdem er zuletzt doch bei diesem Ordal, wie der Text sagt, etwas zusammengesunken war. Daraus ersieht man, dass es sich hier um ein bewusstes Erleben des Todes, um ein Versenken in den Tod nach Art eines Mysterienerlebnisses handelt, das tiefe seelische Wirkungen in dem Mysten hinterlassen muss. Man wird hier an die Passionserlebnisse der christlichen Mystiker und Ekstatiker erinnert, bei denen es selbst zu physischen Stigmen kommt. Da die Furchtbarkeit eines solchen Rituals unzweifelhaft die Schrecken des physischen Todes übertrifft, so geht der Praktikant aus einer solchen Prüfung als ein Befreiter hervor, der den Tod überwunden hat. So sind denn die erwähnten Scheintode des Naropa durch das Ritual provozierte „spirituelle" Tode, deren Erlebnis in der magischen Entwicklung einen bestimmten Befreiungswert besitzt.

Man kann zum Vergleich hier auch das von A. David-Neel und W. Evans-Wentz beschriebene *Tschöd*-Ritual heranziehen, das noch heute von tibetanischen Asketen des direkten Pfades ausgeübt wird. „Tschöd" heißt „abschneiden", und wie beim obigen Mandala-Ritual die einzelnen Körperteile abgeschnitten werden, so zielt das Tschöd-Ritual darauf ab, jeden Wunsch nach einem Dasein in einer neuen Inkarnation abzuschneiden. Darum bietet der Praktikant des Tschöd in schauriger Einöde seinen Leib den Dämonen und wilden Tieren freiwillig zum mystischen Sühnopfer dar für seine ganze bisherige, durch ihren Vampirismus schuldbeladene Existenz.

Unbewusst dürfte diesen Ritualen noch ein andrer Zug zugrunde liegen. Es scheint mir hier eine rituale Wiederholung der Hineinopferung des Purusha, des Urmenschen in die Welt vorzuliegen. Wie bei dieser Opferung die Glieder des Urmenschen zu Teilen der Welt wurden, so werden hier die Körperteile des Naropa zu Teilen des Mandala, das ja nach seiner magischen Bedeutung das Universum vertritt. Diese Uridee der Opferung des Lebens in die Natur, des Mikrokosmos in den Makrokosmos, wird bei großen Dichtern auch heute noch immer wieder lebendig. So ruft der schon genannte A. Crowley in seinem gewaltigen Pan-Hymnus aus: „Ich bin Fleisch für deine Knochen, Blume für deinen Stab." Dieser moderne magische Dichter hat also ein ganz ähnliches Erlebnis wie unser Naropa aufzuweisen. In den *Gewalten eines Toren* von Otto Wirz weiht sich der Held einem freiwilligen Kreuzestode.

Anderseits wird von Tilopa ausdrücklich betont, dass Naropa durch diese Selbstopferung die Tiefe des Bardos, das heißt des Zwischenzustandes nach dem Tode bis zur Wiederverkörperung der Seele, kennenlernen soll. Das Tibetanische Totenbuch *Bardo Thödol*[57] schildert die verschiedenen Bewusstseinszustände der abgeschiedenen Seele in diesem Zwischenzustand. Die Kenntnis dieser Bardo-Erlebnisse verdankt man den Versenkungen einzelner großer Yogins. Wenn also auch Naropa an dieser furchtbaren Prüfung nicht physisch stirbt, so kann er doch wie Apuleius von seiner Einweihung in die Isis-Mysterien sagen: „Ich ging

57 Evans-Wentz, *Das Tibetanische Totenbuch*. Zürich und Leipzig 1935.

bis zur Grenze des Todes“, ja, er hat diese Grenze überschritten. Im physischen Sinne stirbt dagegen Naropa erst bei der gemeinsamen Hinrichtung mit seiner Prinzessin-Gattin, mit der er als Yab Yum gelebt hat. Die darauf folgende Inkarnation endet mit seiner Himmelfahrt.

><

Die historische Gestalt des Naropa gehört in Tibet zur Goldenen Legende und ist als solche mit einem umfangreichen Kranz von Legenden geschmückt, die im Volke bis auf den heutigen Tag lebendig geblieben sind. Von dieser exoterischen Form der Legende sagt A. David-Neel, dass in dem Lebenslauf des Philosophen Naropa „ganz ergötzlich und vielleicht wahrheitsgetreuer, als man glauben sollte, die Prüfungen geschildert sind, denen ein Meister des ‚direkten Pfades‘ seinen Jünger unterwirft, um ihn ‚geschmeidig‘ zu machen“. Alexandra David-Neel gibt in ihrem Buche *Heilige und Hexer* einen Bericht über die Legende des Naropa, wie er in der Volksüberlieferung lebt.

Die von Grünwedel übersetzte Schrift dagegen, die aus einem Kloster stammt, ist ihrem Wesen nach überhaupt keine Legende – Grünwedels Titelgebung ist auch in diesem Punkte unzutreffend –, sondern hier haben wir es mit einer bewussten Hagiografie, besser noch mit einer Soterographie nach Art eines Evangeliums zu tun.

Wenn wir „Evangelium“ sagen, so soll das nicht heißen, dass die Evangelien des Neuen Testaments hier Vorbild gewesen seien oder dass hier gar eine Art Christus-Legende anzunehmen sei. Ich weiß nicht, gegen wen – etwa gegen sich selbst? –

Grünwedel kurzerhand und übereifrig ohne Begründung dekretiert: „Von einer Christus-Legende kann keine Rede sein“ (27), wenn er im selben Atemzuge ebenso beweislos hinzusetzt: „aber dass Stellen der Evangelien entstellt wiederkehren, das ist sichtbar genug". Den zum Beweise hierfür von Grünwedel zitierten Beispielen wohnt keine Beweiskraft inne. Wir haben selbst wiederholt Übereinstimmungen zwischen Aussprüchen von Christus und dem Naropa-Text hervorgehoben, wobei wir den Nachdruck auf die Übereinstimmung legten. Die Kurzsichtigkeit Grünwedels, hier eine Beeinflussung durch die Evangelien zu statuieren, statt sich einmal ein Bild von dem geistigen Format des Verfassers unseres Textes zu machen, ist nicht allein auf Rechnung seiner „idee fixe" zu setzen. Hier ist auch, wie leider gesagt werden muss, ein „böser" Wille mit im Spiele. Dieses bei einem Gelehrten vom Range Grünwedels ganz unverständliche Vorurteil macht seine Erläuterungen zum Naropa stellenweise völlig ungenießbar. Beim Lesen derselben tauchte vor unserem Geiste das Bild des Kerls auf, der spekuliert „von einem bösen Geist im Kreis herumgeführt", obwohl doch wirklich hier rings herum „fette, grüne Weide" ist.

Auch sein Versuch eines Nachweises der Beeinflussung des nördlichen Buddhismus durch die Manichäer – nach Grünwedels Ankündigung auf dem Titelblatt der eigentliche Zweck seiner Übersetzung und Herausgabe des Naropa – kann aus obigem Grunde nicht den geringsten Anspruch auf Beachtung erheben. Wir sagen dies, obwohl wir persönlich geneigt sind, eine derartige Beeinflussung als möglich, ja wahrscheinlich anzusehen. Dass der Manichäismus nach Indien gelangte, ist bewiesen durch den Namen der Stadt Manigrama (Manistadt) an der indischen Malabarküste. In unserm Text wird gelegentlich erwähnt, dass Naropa die Religion des weißen Lotus gepredigt habe.

Grünwedel behauptet nun – ohne Beweis –, der weiße Lotus sei das Symbol der Manichäer gewesen. Wenn das richtig wäre, was wir nicht zu beurteilen vermögen, so würden wir wohl nicht fehlgehen, wenn wir in der berühmten buddhistischen Gebetsformel „Aum Mani Padme Hum" Mani Padme mit „Mani im Lotus“ übersetzen. Dass „mani“ im Sanskrit Juwel heißt, würde bei einer Ableitung von Mani sehr gut passen, da Namen wie Buddha, Christus, Mani und so weiter als Ehrennamen allgemeine Bezeichnung für ein erhabenes Geistwesen werden.

Auch das Wort *Tschintamani*, das den Wunschedelstein oder Stein der Weisen bezeichnet, würde dann soviel bedeuten als „Geist wie Mani“. Wir wundern uns, dass Grünwedel selbst zur Stütze seiner Behauptung von dem weißen Lotus als dem Symbol des Mani nicht auf diese Dinge gestoßen ist. Wir müssen uns daher darauf beschränken, unsere Vermutung dem Urteil der Fachgelehrten zu unterbreiten.

Als bedeutendste religionswissenschaftliche Entdeckung in unserem Text betrachte ich jedoch die unerwartete Feststellung, dass in der Szene zwischen Naropa und der Alten mit den 37 Zeichen der Hässlichkeit, das ist der Sünde, die Zahl 37 als Sündenzahl auftritt, von der ich wusste, dass sie auch in einer Jesu-Rede des gnostischen Evangeliums *Pistis Sophia* begegnet. Als ich Grünwedel brieflich auf diesen Fund aufmerksam machte und seine Ansicht darüber zu hören wünschte, erklärte er zunächst, dass er die Zahl 37 nicht erklären könne. Er wies jedoch darauf hin, dass der Manichäismus eine Lehre mit gnostischem Einschlag sei, sodass er zur Gnosis gezählt werde. Aber in einem weiteren Briefe äußert sich Grünwedel dann folgendermaßen zu diesem Punkt:

> „Was nun zunächst die 37 Zeichen anbetrifft, so ist es merkwürdig, dass das Kalacakra die 37 Lettern des indischen Alphabets so anordnet, dass die 25 Dharanis, KA-MA, die Opfer ausdrücken, während die übrigen Lettern: YA, RA, LA, VA, ferner: SA, SA, SA, HA und endlich KSA das Erlösungswerk vollziehen durch Aufschlag des KSA auf das MA, und dabei ergeben sich der Anusvara, Anunasika und endlich der

Visarga. Die Einzelheiten dieses Vorgangs dürften Ihnen schon aus den Anmerkungen des Naropa klar sein."

Leider wird auch durch diese an sich wertvolle Bemerkung Grünwedels das Problem in keiner Weise geklärt. Es kommt darauf an, zu wissen, woher die Zahl 37 als Sündenzahl stammt. Sie wird in der *Pistis Sophia* ebenso wie in dem Naropa-Text ohne jede Erklärung als bekannt vorausgesetzt.

Grünwedel war unbestreitbar ein hervorragender Orientalist, der schwierige und wertvolle Forschungen mit dem Einsatz seiner großen Gelehrsamkeit in Angriff genommen hat. Um jedoch mystisch-magischen Religions- und Philosophiesystemen, wie denen des Naropa, gerecht zu werden, fehlte es ihm an dem dazu erforderlichen philosophischen Blick. Der Besitz eines solchen würde ihn auch vermutlich davor bewahrt haben, das bedauerliche Opfer seiner Vorurteile und Hirngespinste zu werden. Die antiken Mysterien hatten Grade der Einweihung, um zu verhüten, dass jemand von einer Idee vergewaltigt wurde, zu deren Bewältigung er nach seiner geistigen Entwicklungsstufe nicht reif war.

Es war ein starkes Stück von Grünwedel, ein solches Buch nur zu dem Zweck zu übersetzen und herauszugeben, um seiner „idee fixe" frönen zu können, obwohl das Buch für die behauptete Beeinflussung des nördlichen Buddhismus durch die Geheimlehre der Manichäer so gut wie nichts erbringt. Zum Glück liegt indessen der Wert des Buches auf einem Gebiet, dem Grünwedel keinerlei Verständnis entgegenbrachte.

Zur Entschuldigung Grünwedels mag aber hier ein Satz angeführt werden, den ein bedeutender Kenner dieser Dinge, der schon genannte A. Crowley gesagt hat: „Kein normales menschliches Wesen versteht oder kann die Versuchungen der Heiligen verstehen." Diese Dinge sind deswegen so fremd und unverständlich, weil hier alles übermenschliche Dimensionen annimmt. Der Mensch ist hier nicht im rhetorischen Sinne Nietzsches, sondern im wahrsten tragischen Sinne das, was überwunden werden muss. Der Magische Held ist dieser Überwinder. Wer das Wesen dieses Idealtyps versteht, der hat damit den Schlüssel in die Hand bekommen, der die Verriegelung des Menschheitsproblems mit einem Griff aufhebt. Eine neue Welt ist in unser Bewusstsein gerückt: die Magische Welt der Heroen. In dieser Welt leben die großen Religionsstifter und die Erlöser, die Mystiker und Magier aller Zeiten.

Wir verstehen jetzt die antike Mythologie, die Mysteriosophie und ihre Symbolik. Auch die wahren Künstler und Dichter gehören hierher, alle, deren Vitalstase im Prozess ihres Schaffens über die menschliche Sphäre entrückt ist. Eine solche absolute Graderhöhung hat Schiller in seinem großartigen Gedicht *Das Ideal und das Leben* realisiert. Die Vitalstase, auf der solche genialen Werke entspringen, ist nicht „von dieser Welt", sie ist eine magisch-metaphysische Realität jenseits von Raum und Zeit. Die *Erlösungsgeschichte des vollendeten Meisters Naropa* ist von unschätzbarem Werte für das Verständnis des Menschen und das „was in ihm ist". Der Magische Held Naropa ist das fleischgewordene Wort Hegels:

> „Das Wahre ist das Ganze. Das Ganze ist aber nur das durch seine Entwicklung sich vollendende Wesen."

Wenn demgegenüber Grünwedel die Symbolik der Erkenntnisprüfungen des Naropa so gänzlich missversteht, dass er sie als „Delirien" abtut, so verschaffen diese „Delirien" dem Naropa jedenfalls die Erkenntnis, dass alles, was er erlebt, eine magische Verwandlung des Lehrers ist. Das aber ist die Erkenntnis, dass alles Erleben einen Sinn hat und dass das Universum nicht wahnsinnig ist!

Nachtrag

Von ausländischen Besprechungen der Naropa-Übersetzung von Grünwedel ist mir nur die Abhandlung von Gerhard Heym „The salvation of Naropa“ erschienen im *Journal of the Royal Central Asian Society,* Vol. XXI, April 1934, bekannt. Herr Heym hatte die Güte, mir einen Separatdruck davon zu übersenden. Herr Heym vermeidet es, sich kritisch mit Grünwedel auseinanderzusetzen, drückt aber am Schluss seine eigene, von Grünwedel entschieden abweichende Meinung folgendermaßen aus:

> „The importance of the Tantra cannot be overestimated, for it contains the remnants of a world far older than Mani, who was only a systematizer, a world that once was, and still seems to be, all-powerful, created for a purpose which we do not understand, unless it be that Tantrism is a reminder never to cease living the religion of Light.“

<<>>

Birven, Henri Clemens: *Unerklärte antike Mysterien.* Erstveröffentlichung. Typoskript aus dem Nachlass Birvens, mit zwei Vorworten; zur Magiosophie (1951) und zur Mysterieneinweihung (1960). Der Nachlass Henri Birvens befindet sich heute in der OCTAGON-Bibliothek von Hans Thomas Hakl in Graz. Der Sammler und Bibliothekar, Autor, Übersetzer, Herausgeber und Redakteur hat auch folgende erste biografische Zusammenstellung zu Birven verfasst.

Hakl, Hans Thomas: „Dr. Henri Birven: Notizen zum Autor". Einführung zum ebenfalls aus dem Nachlass erstmals erschienenen Band von Henri Birven: *Gustav Meyrink als magisch-esoterischer Dichter. Einführung in die Probleme seiner Romane*. Gaggenau: edition epoché, 2020. S. 7–63.

Wirth, Oswald: *Le symbolisme hermétique dans ses rapports avec l'alchimie et la franc-maçonnerie. Publications initatiques.* Paris: Librairie initiatique, 1909. 192 Seiten. Die doppelseitige Skizze nach einem Gemälde, auf das sich Oswald Wirth bezieht und die er selbst angefertigt hat, befindet sich im Buch eingebunden zwischen den Seiten 74 und 75. Im Anschluss an die Skizze erfolgt die Beschreibung des Bildes unter dem Titel „Une peinture alchemique" auf S. 75–82.

Birven, Henri Clemens: „Die magische Vollendung des Naropa. Eine tibetanische Erlösungslehre". Erstmals erschienen in: *Psyche. Eine Zeitschrift für Tiefenpsychologie und Menschenkunde in Forschung und Praxis*. 2. Jg., 2. Heft, 1948. Hg. von H. Kunz, A. Mitscherlich und F. Schottlaender. Heidelberg: Lambert Schneider, 1948. S. 251–283.

Maiuri, Amedeo: *La villa dei misteri*. Roma: La Libreria dello Stato, 1931. Quelle gemeinfrei zugänglich durch: Heidelberger historische Bestände – digital: https://digi.ub.uni-heidelberg.

de/diglit/maiuri1931bd1. Entnommen daraus sind die s/w-Abbildungen auf den Seiten 19, 35, 47, 51, 54 und 55.

Die farbigen Abbildungen der Fresken aus dem Mysteriensaal der Villa dei Misteri bei Pompeji sind dem Medienarchiv Wikimedia Commons entnommen, wo sie gemeinfrei verfügbar sind (https://commons.wikimedia.org/wiki/Category:Frescos_of_the_mystery_ritual?uselang=de). Für den Druck aufbereitet und nachbearbeitet durch den H. Frietsch Verlag.

Abbildung Seite 95: Unbekannter Maler, *Schembartlauf in Nürnberg*, zwischen 1540 und 1800. Stadtbibliothek Nürnberg. Bildquelle gemeinfrei auf https://commons.wikimedia.org/wiki/File:Schembartlauf.jpg.

Coverabbildungen auf dem hinteren Buchdeckel beziehen sich in Teilen und Nachbearbeitungen auf folgende gemeinfreie Quellen. Oben: *Das goldene Vlies* der Medea-Statue in Batumi (Georgien) des georgischen Architekten Davit Khmaladze, 2007. Die Datei wurde unter der Lizenz „Creative Commons Namensnennung-Weitergabe unter gleichen Bedingungen" in Version 3.0 (abgekürzt „CC-by-sa 3.0") unter der Quellenangabe https://creativecommons.org/licenses/by-sa/3.0/de/legalcode veröffentlicht. Unten: *Das Schiff Argo* von Johannes Hevelius, Prodromus Astronomiae, Volume III: Firmamentum Sobiescianum, sive Uranographia, Tafel EEE: Argo Navis, 1690. Quelle: http://www.atlascoelestis.com/hev%2056.htm.

Bisher unter anderem bei ***edition epoché*** erschienen ...

Ein epochemachendes Werk über Leidenschaft und Liebe, Mann und Frau, Tod und Leben und den unabwendbaren Konflikt zwischen Leidenschaft und Ehe / 432 S. / Geb. / 978-3-937592-16-9 / Denis de Rougemont:
Die Liebe und das Abendland.

Ganz der Stoff, aus dem alchemistische Legenden geschaffen sind ... mit einer Kolorierung der Hieroglyphischen Figuren nach den Angaben Flamels / 208 S. Pb / 978-3-937592-24-4 / Nikolaus Flamel:
Chymische Werke.

Der Psychologe, der C. G. Jung und Freud die Ideen gab ... Silberers Hauptwerk mit handschriftlichem Freimaurervortrag und seinem Werkverzeichnis / 322 S. Pb / 978-3-937592-26-8 / Herbert Silberer:
Probleme der Mystik und ihrer Symbolik.

Ein prall gefülltes Kompendium an Gelehrsamkeit, Quellenkunde und kontroversen Belegstellen / 524 S. / Pb / 978-3-937592-34-3 / Paul Scholz:
Götzendienst und Zauberwesen bei den alten Hebräern und den benachbarten Völkern.

Meyrinks okkulte Romane erlangten Weltruhm. Birven geht den Quellen nach, aus denen Meyrink schöpfte / Erstveröffentlichung / 212 S. / Pb 978-3-937592-37-4 / Henri Birven:
Gustav Meyrink als magisch-esoterischer Dichter – Einführung in die Probleme seiner Romane.

Evolas „Tantra-Buch" über den Kundaliniyoga in seiner ursprünglichen Gestalt. Erstmals deutsch / 400 S. / Pb / 978-3-937592-36-7 / Julius Evola:
Der Yoga der Urkraft – Tantra, Kundalini und Unsterblichkeit.

Bisher in unserer Péladan-Reihe erschienene Romane
(weitere in Vorbereitung) …

Der Stoff einer überirdischen Liebe in der Tradition abendländischer Liebestragik. Roman / 208 S. / Pb. / 978-3-937592-39-8 / Joséphin Péladan:
Das allmächtige Gold.

Der Magier Péladan ist hier noch mehr zum Dichter geworden und lässt an den geheimsten Regungen der menschlichen Seele intensiv teilhaben. Roman / 260 S. / Pb. / 978-3-937592-41-1 / Joséphin Péladan:
Das unbekannte Schicksal.

Péladans Sympathie gehört der Jugend, ihrer Leidenschaft und ihrem Irrtum. Immer sind seine Gestalten mit intensivem Erleben ausgestattet. Leiden ist dabei unvermeidbar. Péladan legt darüber aber einen Schimmer von berührender Schönheit. Künstlerroman mit einem Nachwort des Herausgebers Dr. Wolfram Frietsch / 220 S. / Pb. / 978-3-937592-43-5 / Joséphin Péladan:
Una cum uno.

Seine eigene Jugend lässt Péladan hier aufleuchten. Ein engelhafter Knabe, aufgewachsen im größten Verständnis für seine dichterisch-künstlerische Natur, erlebt den androgynen Zustand seiner Jungfräulichkeit außergewöhnlich bewusst. Unvermeidliche Wandlungsprozesse lassen sich jedoch nur bedingt aufhalten. Roman / 228 S. / Pb. / 978-3-937592-46-6 / Joséphin Péladan:
Der Androgyn.

Der Roman Gynandria widmet sich einem Lieblingssujet Péladans: der weiblichen Gefühlstiefe, die er empathisch auslotet. Hier bleibt er auf die weibliche Sexualität fokussiert, indem er seinem Protagonisten Tammuz (chald. „Gott der Liebe“) die Ergründung lesbischer Liebe aufgibt. Roman der Frauenliebe / 272 S. / Pb. 978-3-937592-50-3 / Joséphin Péladan:
Gynandria.

><

edition epoché

Epoché meint Innehalten
und bezeichnet in der Philosophie eine Enthaltung im Urteil,
die sich aus der Einsicht in die Ungewissheit allen Wissens herleitet.
Den vorgefassten Urteilen wird Geltung entzogen, um schließlich
zur Erkenntnis über das Wesen zu gelangen.